全球顶级神秘之地

罗伯托·贾科布
朱利奥·迪·马蒂诺 著
吴 非 译

中国旅游出版社

目录

前言　罗伯托·贾科布
正文　朱利奥·迪·马蒂诺

编辑人员
Valentina Giammarinaro
Giorgia Raineri

图解
Clara Zanotti

前 言

罗伯托·贾科布

费德里科·切西是人类知识的重要贡献者之一。1603年，这个当时年仅17岁的男孩和他的三个朋友一起创立了一个延续至今已有数个世纪的机构：林琴学院（Accademia dei Lincei，字面意思是“有山猫眼神的学院”，它也被称为“Lincean Academy”，即林西学会）。该机构是意大利最负盛名的文化社团之一。取这个名字是为了向山猫致敬，因为山猫（猞猁）是一种公认的具有锐利目光的动物，以此来象征该学会的成员拥有超越传统科学界限的敏锐洞悉力。林西学会的研究范围涵盖了所有自然科学领域，它允许其成员对各种领域所进行的观察和实验研究拥有绝对的自由，不受任何权威或职位的约束。正是秉持着同样的精神，在将近10年的时间里，朱利奥·迪·马蒂诺与我，以及我的团队一起，已经周游了整个世界，去探索那些在科学、考古学和历史学领域留给世人的众多的未解之谜。多年来，我们制作了大量的纪录片，长年在RAI电视台（意大利最大的电视节目公司）播放。与此同时，我们还进行了许多令人惊奇的科学研究：我们曾潜下日本的海岸去调查与那国岛的水下金字塔；我们也曾细致检查过复活节岛上的摩艾石像那永恒般的面容；我们深入过地球的深处，也攀登过最神秘莫测的山巅。可以说，我们的旅行运用到了所有已发明的交通工具。其间，我们与世界上不同种族和文化的男人、女人们一起分享故事和食物。我们一直在寻找答案，而那答案永远比我们所能想象的更加伟大。这次新的旅程是由朱利奥独自担任的，他将自己对每段旅途的独特视角、情感体验，以及所经历的种种奇妙的冒险写成了此书，作为礼物呈现在我们面前。在这本书中，充满着激动人心的画面、令人惊奇的故事，它实现了好奇心与严谨精神的结合，带着一种热情的渴望，带你去了解、去发现，直至“知识的疆界”。就如同伟大的法国作家马塞尔·普鲁斯特所写的那样：“真正的发现之旅不在于寻找新的风景，而在于一双发现的眼睛。”一双山猫的眼睛。

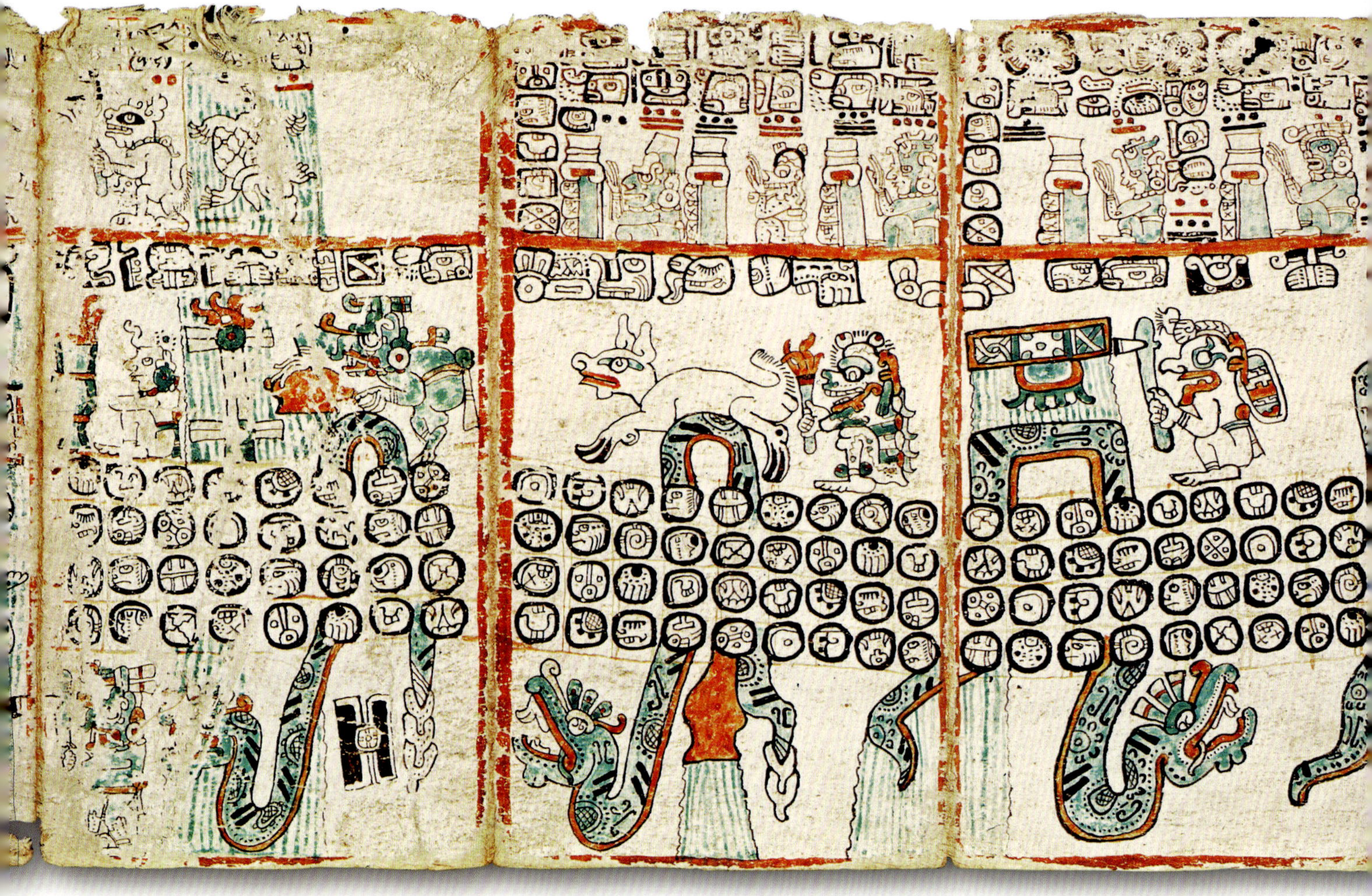

引 言

朱利奥・迪・马蒂诺

“献给那些从未停止探索的人们”

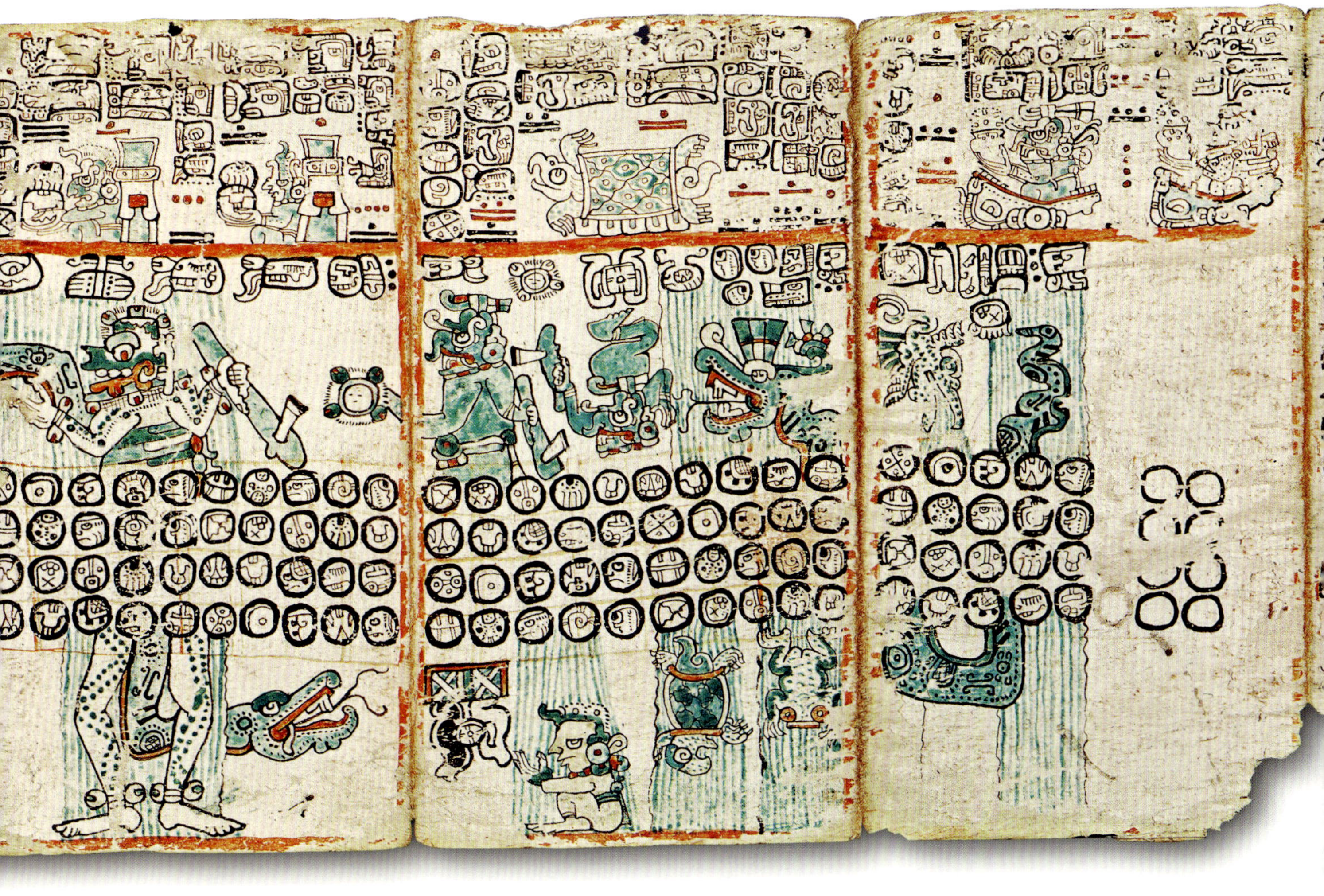

神秘是我们所能体验到的最美妙的感觉。它是一种最原始的情感，是构成真正的艺术与科学的基础。任何感受过神秘，却不会感到兴奋的人都是一件被损坏的物品，就如同一支熄灭的蜡烛。

——艾尔伯特·爱因斯坦

我是在上大学的时候，坐在理论物理系的长凳上了解到爱因斯坦的思想的。但是那时我并没想到，有朝一日我的学位会溶解到一片比科学研究更辽阔的海洋之中；或是，自己最终会沉浸到对历史学和考古学领域中伟大的未解之谜的无尽探索之中。在不停的旅行和拍摄纪录片之间，在各种理论和假说之间，在各种遭遇和发现之间，十年的时间就这样悄然而逝。通过图像和文字所记录下来的这些故事，始终在试图向人们揭示我们已知的最偏远的地区；在迎接着来自这个星球上最神秘的建筑的挑战；在衡量着世间各种神话、传说，与那些在时间和空间的交错中彼此相距遥远的古代文明之间的差异。有时候，破译一段过去，就像是在讲述一个与我们已知的历史完全不同版本的故事。因而在十年之后，便有了这本书的诞生。这是一个旅程之中的旅程。

书中包括52个世界未解之谜的探索之旅。数字52，就如同是构成一年的52个星期，又好像是组成一副扑克的52张牌（不算大、小王）：其实，你正好可以通过这两种方法来使用本书。第一种方法：你可以跟随本书篇章的编排顺序，按照“每星期”的行程来安排你的旅行，它会引导你沿着一条理想的线路，一页接着一页，从一个神秘之旅进入下一个。所以，你可以幻想出一个能够离开一年时间的漫长旅行，去跟随世界上最伟大的未解之谜的踪迹，一站接着一站，去穿越整个地球。或者，采用第二种方法：你可以从扑克牌中随意抽出一张，任何一张，让它与本书52个故事中的某一个对应上，这种根据随机的结果开展的旅程将会令你感到惊奇，并带你去远行。

近些年来，我最常被问到的一个问题是：“你所经历过的最令人兴奋的旅行是哪一次，最令你惊奇的神秘之旅是什么？”一种简单的回答是引用土耳其诗人纳兹姆·希克麦特的话：“最令我们满意的旅行，是我们尚未开始的那一个。”然而，这个回答仅能代表真相的一部分，令人伤感的一部分。而其余的部分应该是，那最令人兴奋和惊奇的旅行是永远留在记忆之中的悸动。

第一个浮现在我脑海中的是拉帕努伊岛，即复活节岛。这块被遗失在太平洋中央的小小的三角形陆地，与其他陆地都相隔着数千公里的海洋。

就在这样一座与世隔绝的小岛上，竟遍布着摩艾石像那巨大而神秘莫测的面孔。

这些石像代表的是什么人？为什么这座小岛上的居民都像是因为复制了这些石像而遭到了“诅咒”？在复活节岛上有一个精确的地点，它位于两座火山口边缘之间的交叉点上，站在那里，从超过海平面300米高的地方俯视这座小岛，人们会很容易被那些关于古老而未知的文明的幻想所淹没，并且，也很容易被那些关于我们人类存在的意义的想法所淹没。

站在的的喀喀湖中的太阳岛上，你会产生一种相似的感觉。它的湖面犹如一面能将人催眠的镜子，那是一片难以形容的蓝色水面。我脑海中浮现的图像——像缺氧般的感觉缓慢地播放——试图返回过去的时光，也许，返回蒂亚瓦纳科古城初建的时刻，当时，那些神秘的古代建造者们正在这

第2～3页图　英国巨石阵，它永远笼罩在薄雾和神秘之中。

第4～5页图　失落的马丘比丘古城是安第斯山峰上的一颗宝石。

第10～11页图　玛雅历法是一种轮回的体系：其中一个轮回始于公元前3114年8月11日，终止于2012年12月21日。

第14～15页图　数个世纪以来，西安那支永恒的兵马俑军队一直在守护着秦始皇陵墓的秘密。

第16～17页图　在吉萨高原上，狮身人面像那神秘莫测的面孔仿佛是在向时间和人类的真理挑战。

令人心醉的湖畔修建起一座如今已消亡的帝国的首都。然后，任思绪再飘远到更久远的从前，在数百万年以前，这里并不是现今海拔达4000米以上的安第斯高地，根据在此发现的贝类化石似乎表明，此地曾经位于海洋的底部。

时间，是一个你不得不去感知的概念。当你站在尤卡坦半岛上那奇妙的玛雅金字塔的阶梯顶端时，你会强烈地感觉到：超越了玛雅人的审美能力、秘密隧道和隐藏的宝藏，更重要的，是他们那种对时间的深深的痴迷。因而，建议你转移视线，改变关注的焦点，去感知时间，感知玛雅文明最神秘的魅力。事实上，玛雅人建造的每一座建筑或古代遗迹都像是经过精确的测量，他们将这些建筑的设计与对时间的计算和星辰的运动联系在一起。就像是等待着去控制它，想把它放到一个永恒的圆周中去限制它，让它无法逃脱：这就是玛雅人那传奇的历法计算时间的方式。玛雅人的历法是周期性的、复杂的、完美的。而且，它注定要在2012年12月21日这一天再次开始一个新的轮回。

然而，令我留下最强烈、最深刻记忆的，是那座位于澳大利亚沙漠中心的乌鲁鲁巨石。也许它仅仅是一件大自然最纯洁的杰作。即使是这样，当夕阳西下，整片沙漠开始变暗，直至陷入无情的黑暗，这块巨大而神圣的独块巨石却会继续散发出它那令人难以置信的红色光芒。但这种真实的魔术仅能持续几分钟，然后一切都会消失。这时你会感到像是遭到了遗弃，只能迷失在茫茫的黑暗和无边的孤独之中。你便因此会去想象，我们远古的祖先们一定也被同样的问题困住了。

也许这就是真正的旅行的意义所在：旅行是为了去发现新的问题，而不是去寻找新的答案。如爱因斯坦所说，这就好比是科学家遇到了难解的谜题，那至关重要而令人振奋的思想是：我们尚不能弄明白这一切。一切解答都不是现有的。它还没有被设想出来。

有的人认为，只要还有一个故事可讲，我们就是安全的。我认为我们是很安全的，只要还有一个故事可以让我们去探索。就像另一位诺贝尔奖得主若泽·萨拉马戈曾在他的著作《葡萄牙游记》中写道：“旅行永远没有尽头。只有旅行者停下脚步。而且，它们可能会长久地存在于记忆中、回忆里、叙述中。当旅行者坐在沙滩上说着‘没有更多可看的了’，他知道这绝不是真的。”这从来不是真的。

英国

尼斯湖

（北纬57°18′  西经4°27′）

尼斯湖是地球上最美的湖泊之一，那里似乎栖息着史上最著名也最难以捉摸的怪兽

苏格兰高地无疑是欧洲最美的地区之一：起伏的山峦、无尽的风光和保存完好的自然景观共同构成了这里古老而令人惊叹的美景。在距离高地中心因弗内斯市仅数公里远的地方有一个淡水湖，它就是举世闻名的传说之一——尼斯湖水怪的诞生之地。尼斯湖的长度达37公里，是这片地区面积最大的湖泊之一，它那极深的湖水似乎很适合古代的神秘生物在此栖身。从尼斯湖水怪的传说面世至今80年来，已有成千上万好奇的游客、科学家、社会名人、探险家试图来此追踪水怪的身影。

这一切始于1933年5月2日，《因弗内斯快报》首次报道了有人在尼斯湖中目击到奇怪的生物。据这对麦凯夫妇称，他们看到了两个吓人的圆形隆起物浮上尼斯湖的水面。这一幕不禁使人联想起爱奥那岛的圣艾多曼曾经描述过的那只“海里的怪兽”，这位生活在7世纪的爱尔兰僧侣在他所著的《圣徒高隆言行录》中提到，公元565年，一头怪兽在尼斯湖现身，它被圣徒高隆用十字架和一句著名的咒语“你不得再走向前”驱赶走。

在水怪一说首次出现之后6个月，一张被推测为尼斯湖水怪的照片面世了，照片中的动物身体轮廓呈弧线形，它正在水中移动，激起层层水浪。时至今日，专业研究人员们对这张照片以及后来所有公之于世的影像资料所进行的激烈争论从未停止过。

在人们拍摄到的各种各样关于水怪的影像记录中，有一张照片成了这个传说的标志，人们将它称作“整形照片”。这张照片是由罗伯特·威尔逊在1934年4月拍摄的，当时曾被大肆登载在各大报刊的首页上。但是60年后，尼斯湖中心的研究人员发现这张照片是伪造的，他们还发现了威尔逊精心策划这个恶作剧时所使用的模型。

然而，其他的水怪照片仍然争议不断。其中最有名的一幅是由拉克伦·斯图亚特在1951年拍摄的，照片中有三个圆形隆起物在湖面潜入潜出。而关于尼斯湖水怪的首段影像资料是由马尔科姆·欧文摄制的，影片中记录了一个貌似怪兽的物体在湖面之下游动了将近1分钟。此外，还有一幅值得关注的照片，由彼得·麦克纳拍摄于1955年，他拍到一个体形十分长的生物在厄克特古堡附近的尼斯湖湖面上滑行；若以照片中的古堡作为参照物，大致可以推断出这个生物露在水面之上的身长大约为20米。

进入20世纪50年代，人们对尼斯湖水怪的关注达到了前所未有的程度。来自世界各地的好奇人士蜂拥而至，人们纷纷来到苏格兰，希望能捕捉到这个神秘生物的身影，他们还给尼斯湖水怪起了一个昵称——“尼西”（Nessie）。

第18～19页图　厄克特古堡遗迹的矗立之处或许是整个尼斯湖沿岸风景最优美、最令人遐思的地方。在远古时代，这座古堡是中世纪苏格兰最雄伟壮丽的堡垒之一。关于尼斯湖水怪的目击报告大多就发生在这附近，例如彼得•麦克纳于1955年所拍摄的这张照片。

第18页下图　著名的“整形照片”：对很多人而言，这仍然是尼斯湖水怪的标志性照片。它由罗伯特·威尔逊于1934年4月拍摄。半个多世纪以来，这张照片中的湖怪形象一直徘徊在人们的想象之中，它也是推销神秘故事的主要卖点。直到20世纪90年代，人们才发现这是一个精心策划的恶作剧：照片中的物体只是一个木质的小模型。

第20～21页图　1970年，波士顿应用科学学院最先在尼斯湖进行了水下科学考察。1987年，通过使用远程遥控摄像机和声呐设备，人们在湖底发现了一个身长数米、疑似水生生物的物体。然而，经过深度扫描却显示，这只是一根被海藻覆盖的粗大树干。

第21页图　从好奇的游客使用的传统双筒望远镜，到专业研究人员沿着尼斯湖湖岸安装的现代化网络摄像机，人们试图追踪尼斯湖水怪身影的努力从未停止。

后来，还有一段摄制于1960年的影片资料曾经轰动一时，拍摄者是来自英国皇家空军的蒂莫西・丁斯代尔。在这段影片中，展示了一个圆形隆起物正以极快的速度破浪前进，在它的身后留下巨浪。而关于“尼西”最近的影片是由戈登・霍尔姆斯于2007年拍摄的，在影片中显示出一个巨大的身影正在湖中游弋。2009年8月，甚至在“谷歌地球”所发布的公众卫星图片中，竟也显示出在尼斯湖中有一个形似水生生物的不知名物体。

有人认为尼斯湖水怪只是人们群体性的幻觉，也有人坚信水怪是远古时代恐龙的后代，亦有人认为水怪是永生的怪兽，当然，还有人嘲讽水怪的传说只是一系列的恶作剧，就像威尔逊曾经干过的那样。不论真相如何，寻找“尼西”的探险已经持续了80年，人们运用了大量越来越先进的影像技术和科技手段。搜索人员扫描了整个尼斯湖，用水下麦克风监控水域，投放大量的食饵，使用越来越精良的声呐设备一遍又一遍地扫描，驾驶潜艇巡视，乃至使用卫星和网络摄像机不间断地进行观测。尽管通过这些搜索偶尔能记录到一些无法解释的现象，但其他时候根本无法发现任何不寻常的东西。不过，每当一次搜索被宣告无果而终时，总会出现一个新的目击报道把一切重新拉回疑团之中，这就仿佛是一只怪兽在冬眠期过后，再次于它的秘密巢穴中现身一样。就像一个永远不灭的传奇。

英国

格拉姆斯城堡

（北纬56°37＇13＂－西经3°0＇10＂）

苏格兰迷雾笼罩下的神奇古堡，莎士比亚笔下的悬疑之地，
这里遍布着残酷的秘密和神秘的幽灵

提到苏格兰的神秘故事，人们马上会联想到古堡和各种鬼神传说。如果要在那些有历史传说的古迹中选出一座最受鬼魂青睐的城堡，这项“殊荣”定将毫无争议地属于格拉姆斯城堡。相传，这座城堡被邪恶的“斯特拉思莫尔诅咒”所笼罩。故事起源于1372年，当时苏格兰斯图亚特王朝的首任国王罗伯特二世将格拉姆斯城堡赐予了约翰·里昂爵士。但这位新主人在城堡入口处的地板上发现了一摊血迹，这唤醒了人们的记忆，这里曾经是国王马尔科姆二世被害的现场。这位国王在1034年时被一柄苏格兰双刃大砍刀劈成了两半，自此他留下的血迹经过了几百年仍擦拭不掉。很可能正是这段典故赋予了奥斯卡·王尔德灵感，使他创作出了短篇小说《坎特维尔的幽灵》。

其实，格拉姆斯城堡中最出名的鬼魂是比尔蒂伯爵的幽灵。传说中，在某个星期天，比尔蒂伯爵找不到人陪他玩纸牌（苏格兰教会是禁止人们在属于主的日子里玩牌的），为此他粗暴地对待自己的用人，还怒喊道：“哪怕和魔鬼一起玩牌我也愿意，就算最后审判日来临也没什么大不了。”就在这时，一个陌生人敲响了城堡的大门，并要求参加牌局。他和比尔蒂伯爵走进了其中一个房间，将门反锁，从此再没人见过这位伯爵和那个神秘的客人。但是，后来住过这座城堡的人都宣称他们在夜里听到了诡异的哀号声，还有清晰的投掷骰子的声响。人们认为那就是比尔蒂伯爵的鬼魂，在被永无止境的纸牌游戏折磨着。

同时，格拉姆斯城堡还是威廉·莎士比亚的名剧《麦克白》中故事的发生地，据史料推测，麦克白将军就是在这里刺杀了邓肯国王。很多剧团都迷信地认为《麦克白》是世界上最令人恐怖的戏剧，他们甚至不敢直呼其名，而是用“那出苏格兰剧”来指代。而这部戏的演出也确实夹杂了各种不幸的事件：1849年，《麦克白》在纽约上演时有22名观众由于骚乱踩踏而丧命；1930年，该剧演出时有3位舞台设计人员和服装师离奇死亡；1948年，一位扮演麦克白夫人的女演员在出演“梦游”一幕时从5米高处摔下。总之，这部戏的演出已经发生了很多意外乃至致命事故，比如演员突发疾病、舞台倒塌、道具武器致人伤残，甚至整个电路系统着火。就仿佛是莎士比亚虚构出的那些预言女巫们真的给本剧施加了凶咒。

1540年，有“格拉姆斯夫人”封号的珍妮特·道格拉斯被指控对国王施行巫术，被烧死在了火刑柱上，该城堡也被国王詹姆斯五世征用。这项指控后来被证明并不成立，国王便把城堡归还给了道格拉斯家族。然而从那之后，据说来到城堡的人经常会看到珍妮特·道格拉斯的鬼魂，他们将她称作“灰夫人”。在格拉姆斯城堡的侧翼，坐落着道格拉斯家族的小教堂，该教堂能容纳46人，其中有一个座位一直是为“灰夫人”保留的，没人敢坐在那里，直到今天依然如此。

还有很多人宣称在格拉姆斯城堡的走廊里遇到过另外一位女性幽灵，他们将其称作“白夫人”。在这些所谓的目击者中，包括一些地位尊贵的人，比如英格兰女王的姨妈，她就出生在格拉姆斯城堡。对于“白夫人”身上曾发生过什么故事并无人知晓，但是通过人们对这两位女幽灵颜色的描述，反映出她们身影的鲜亮程度不同：相比而言，“灰夫人”更阴郁、悲伤、难以捉摸；而“白夫人”更生动、活泼、色彩鲜明。

除了这些似是而非的传说，在历代格拉姆斯城堡主人的真实历史中也充满了众多的黑暗事件。其中最恐怖的一宗发生在林赛部落和奥格威部落的战争时期。当时的城堡主人是帕特里克·斯特拉思莫尔伯爵，他是一个放荡而又残酷的家伙。

第22～23页图　格拉姆斯城堡的入口是一条1.6公里长的大道：在一天的不同时段，整个建筑群及花园的颜色会令人产生截然不同的感觉。在白天，它们显得富丽堂皇；到了日落时分，又令人感到躁动不安；入夜后，城堡古老的围墙内则完全被笼罩在了神秘之中。

第24页图　进入大门后不远处，在花园中矗立着一座巨大的日晷，令人印象深刻。这座日晷建造于1671年，高7米，是苏格兰最大的日晷。然而，在格拉姆斯城堡的花园中还坐落着另外83座日晷，这令人感到好奇，为何这座充满魔力的城堡的主人们对掌握时间如此着迷？

当奥格威部落向他请求到城堡避难时，他不便拒绝，只好向避难者敞开了大门。但之后，他却将这些人囚禁在城堡的密室中，使他们在极度的饥饿和绝望之中相互残食而死。据说，直到今天，在城堡中还能听到不知从何处传来的绝望的呻吟声。

关于这位残暴的斯特拉思莫尔伯爵，还有一个可怕的传说：相传，他曾经把一个孩子终生囚禁在城堡中的一个房间里，因为这个孩子生下来就浑身长满毛发，还有不为人知的畸形。人们将其称为“格拉姆斯怪物”，并不断有人声称看到了他的鬼魂。

几百年来，来到格拉姆斯城堡的游人、访客和研究人员都在不断试图找出城堡中的密室。在一次著名的酒会上，城堡内的客人们曾做过测试：他们在途经的每扇窗户外都系上了一条手帕。而当他们来到城堡外时，却发现有7扇窗户（也有版本说是2扇或11扇）的外面没有手帕：这清楚地证明城堡中确实有密室存在。如今，格拉姆斯城堡已对公众开放，任何人都可以进城堡参观，胆子大的人还可以选择在城堡里过夜。而很多神秘故事的爱好者甚至会选择在这里举办婚礼，尽管“斯特拉思莫尔诅咒”已在这里流传了几个世纪。

第24～25页图　如今，在这里能看到13座尖顶高耸入云的塔楼，而城堡中有多达数百个房间，其中或许还隐藏着一些密室：格拉姆斯城堡的建筑群在过去几百年中经历过无数次的改建、扩建和修复。例如其东翼的主塔楼就是在1435年扩建而成的。

第26～27页图　国王马尔科姆的房间的地板上留有一摊血迹，尽管人们在过去几百年中曾多次尝试清理，但这摊血迹似乎无论如何都擦拭不掉。在台球室的墙壁上，悬挂着一些迷人而珍贵的17世纪挂毯。

第27页上图　在格拉姆斯城堡的餐厅里，有一块用上好的英国橡木制成的油画板。在餐厅的天花板上装饰着美妙绝伦的图案。

第27页下图　时至今日，在城堡的皇家套房中还保留着英格兰王太后伊丽莎白·鲍斯-莱昂的卧室。这位王太后的一段童年时光就是在格拉姆斯城堡中度过的。

第28～29页图　当巨石阵沐浴在日出和日落的光线中时，也许是最能将它的动人魅力发挥到极致的时刻。在每年特定的日子里，巨石会与光线形成精确对准，令这个巨石圈显得格外神秘莫测且令人着迷。

第28页下图　数个世纪以来，巨石阵已为众多艺术家激发了无穷的灵感。例如英国画家罗伯特•哈佛尔一世，他在1815年创作了这幅作品。

英国

巨石阵

(北纬51°10'44" 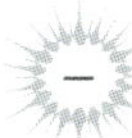 西经1°49'35")

世界神秘遗迹中最著名的代表之一，
沉浸在传奇般的德鲁依教的古老迷雾之中

世界考古学最大的谜团之一，无疑位于英国索尔兹伯里平原之上。在那里矗立着一圈约建造于5000年前的巨石石柱群。巨石阵的英文“Stonehenge”是由“stone”和“henge”两个单词组成的，意为“悬浮的石头”。关于巨石阵的起源和用途的问题，至今仍困扰着科学家和研究人员们：有关的论文、书籍、研究，以及对巨石阵功能的种种假说，简直不计其数。

这些巨型石柱被排列成一个同心圆而建，在每年夏至这一天，其中名为“黑尔”的那块巨石刚好会与太阳升起的位置对齐成一条直线，这表明巨石阵的设计与古代天文学知识存在某种联系。类似的猜测还有很多：著名的天文学家和数学家佛雷德·霍伊尔曾在1972年提出假设，他认为整个巨石阵就是一个精心制成的天文观测器。在其地面上的56个圆形土坑可被用来精确地计算月亮运行的周期；而环状的土沟对建造巨石阵的史前人类来说则代表了太阳和月亮的运行轨道。霍伊尔提出的这个假说所承载的天文学知识，对一个存在于5000年前的文明来说几乎是不可想象的。

但是，英国巨石阵的影响力主要在于它那令人不可思议的规模：这里正是古老的凯尔特德鲁伊教用来主持其神圣的宗教仪式的地方。时至今日，其他异教教派的祭司们仍会选择这里作为庆祝他们神秘仪式的场所。同时，巨石阵还与亚瑟王传说中的人物和传奇的魔法师梅林存在着联系。

在剑桥科珀斯·克里斯蒂学院的图书馆中，保存着一份古老的手稿，它描绘了这个巨石阵，并点缀着一个醒目的标题：“巨石阵，英格兰埃姆斯伯里附近。公元483年，魔法师梅林将巨人的舞蹈化作巨石阵。”

英国蒙默思郡的历史学家杰佛里在1150年创作的“Vita Merlini”（或称“梅林的一生”）一书中，描述了巨石阵的由来。据此书描写，是巨人族将这些巨石从非洲搬运到爱尔兰的Killaraus山，并建造了被称为“Chorea Gigantum”（即“巨人的舞蹈”）的巨石阵。后来，魔法师梅林施加魔法，拆卸石块，将它们横越海峡运送到了英国的索尔兹伯里平原。书中这样描写道：“……魔法师梅林带着尤瑟王——亚瑟王的父亲，来到巨石阵，并对他说：‘这座纪念碑将是你胜利的见证，也将是埃姆里斯（Emrys）胜利的见证。你将以此告慰你兄弟的在天之灵。但你要知道，据说这是巨人的舞蹈，每天晚上，灵魂来到这个地方，在石头之间，等候那将照亮黎明并给世界带来新生之光。’”

巨石阵的修建方法代表了世界巨石遗迹建造的一个转折点。事实上，这是第一次，巨石被通过一种称为“榫卯”结构的方法相连：这种方法的使用可谓一场真正的革命，它突出显示了巨石阵的重要地位和建造技术的先进性。“榫卯”结构是一种源于木工领域的解决方法：工匠会先根据一个卯眼特有的形状加工出与之相符的榫头，然后把两者凹凸连接起来。

但这还不是巨石阵的全部：这座遗址由43块（最初大概有80或90块）所谓的“蓝灰沙岩”组成，其颜色是与海水接触而形成的；它们大量存在于距巨石阵240公里半径范围以外的地方，且每块的重量都超过1吨。人们不禁要问，这些巨石是怎样从如此遥远的距离之外被运到巨石阵来的？并且，为什么数个世纪以来，它们一直被认为具有神奇的力量？

巨石阵的建造过程可能经历了好几个世纪。这些极其沉重的巨石要被运输数百公里，这就需要一支涉及各代古英国人的物流组织。为何要大费周章地消耗如此庞大的人力、物力来建造巨石阵？也许巨石阵尚未透露其真正的秘密。

2003年，“巨石阵河畔项目”的负责人迈克·帕克·皮尔森曾提出一个有趣的新假说。

由参与这一项目的五所高校所进行的调查和发掘指向了距离巨石阵仅3公里远的德灵顿墙。在那里，研究人员们发现了一个直径有巨石阵20倍宽的遗址圈，

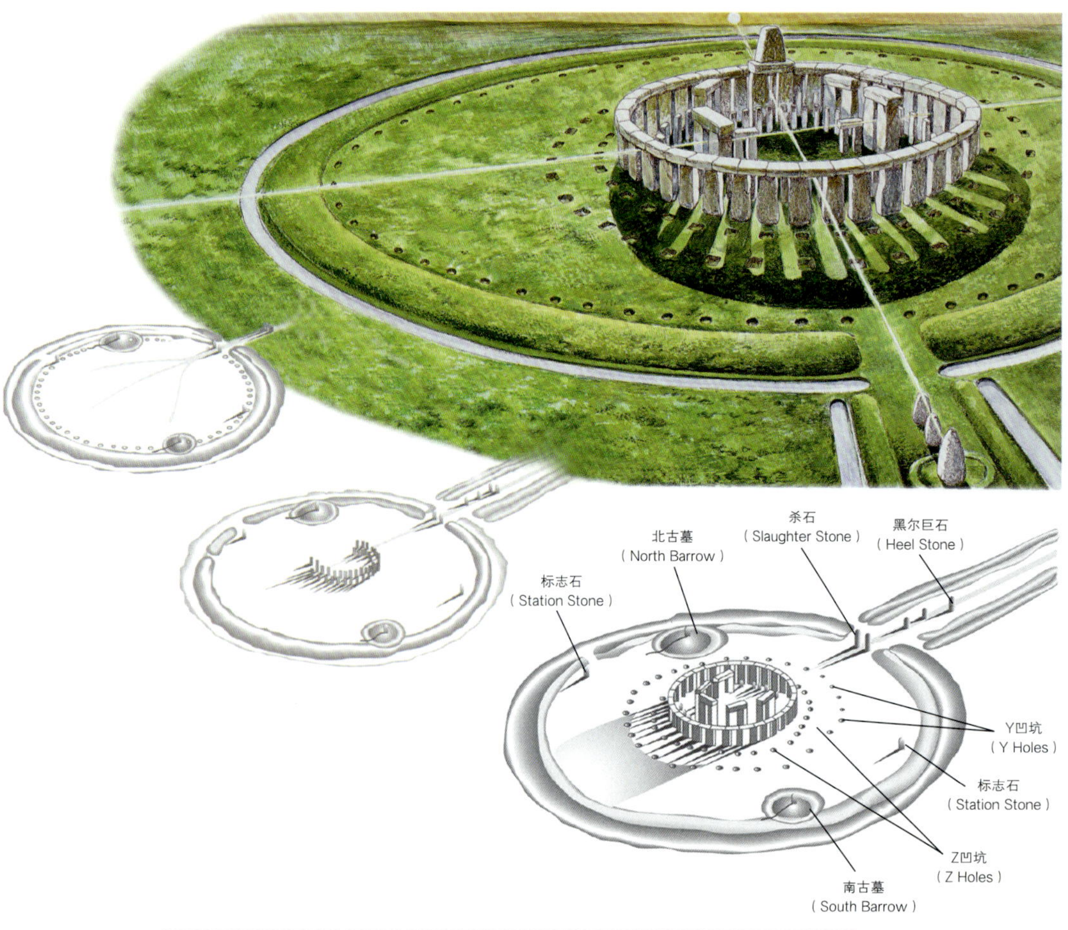

第30页上图　通过各种场景重建，人们已对巨石阵的建造过程提出了几种不同的方案。其中最可靠的一种理论，是假设巨石阵曾经历了三个不同的建造阶段：第一阶段可追溯至公元前3100年，第二阶段发生在其后的一个世纪，最后一个阶段大约从公元前2600年左右开始，直到公元前1600年左右结束。不同的民族对这处神圣之地的用途也不尽相同。

第30～31页图　当人们徒步穿行于这个宏伟的巨石圈时，可能会由于这些巨石的位置而迷失方向。但是，这种看法很快就会消失，取而代之的将是对巨石阵建造设计之完美而产生的崇敬之情。实际上，这些巨石都是沿着一个精确的圆周排列的。它是一个构思和始建于5000多年前的伟大项目。

它是由一系列木质的纪念碑围成的圆环。并且，像巨石阵一样，德灵顿墙的遗址附近也有一条可以通向埃文河的大道。

不同的是，人们在巨石阵遗址附近曾发现了52处古代墓地，而在德灵顿墙却没有任何类似的发现。这一切不禁让人猜测：巨石阵代表的是死者与祖先之城，而德灵顿墙代表的是活着的人们。巨石阵的石柱代表的可能是来世的稳定，而德灵顿墙的木质柱代表的是老化以及人生的无常。

如上所述，在这两座遗址的附近各有一条道路，将它们分别通向埃文河，这一点使得巨石阵和德灵顿墙之间的联系更加强化，它们很可能是两个相关联的结构：3公里长的道路两侧修有沟渠和堤防，也许，这说明曾有某种宗教利用河流在此地举行神秘的仪式。无论如何，这些被远古时代的天才建造者们所实现的神秘思想，我们还不能够破译。

英国

格拉斯顿伯里之谜

（北纬51°8＇41＂ – 西经2°41＇55＂）

这里就是传说中阿瓦隆岛的所在地？它真能使关于亚瑟王的传说全部被改写吗？

阿瓦隆是一座流传在诸多神话传说中的神奇岛屿，相传，魔法师梅林、仙女摩根和湖上夫人薇薇安都居住在这座岛上。而且，据说这里还是传奇的亚瑟王被埋葬的地方，也是圣杯（中世纪传说中，耶稣在最后的晚餐中使用的碗）的埋藏之地。这个神秘的地方似乎笼罩着重重的迷雾，令人扑朔迷离。然而有证据显示，故事的真相可能与那些传说大相径庭，更加令人匪夷所思。

数千年来，阿瓦隆在人们的想象中是一座圆形的岛屿，周围环绕着浅浅的内海。岛上覆盖着成片的橡树林和榆树林，还有几小片野苹果树林。整座岛屿由4座小山组成，其中最高的一座名为“石山”，在它的山脚下有两股清泉不断地涌出。这座“石山”高158米，是浓雾来临时岛屿上唯一可见的景物。随着时间的推移，阿瓦隆岛从历史上消失了，就仿佛是销声匿迹在那常年不退的浓雾之中，渐渐地变成了一个传说。

有些人深信，在格拉斯顿伯里能找到阿瓦隆岛真实存在的踪迹，它在传说中被描述的全部特征都能在格拉斯顿伯里以某种形式呈现出来。格拉斯顿伯里是英格兰西南部萨默塞特郡的一个小城市，那里有一座被当地居民称作“石山”的山丘，它自古以来就被认为是一座具有魔力的山。几百年前，不知是什么人在这座“石山”的山腰上开凿出了巨型的7层同心梯田，以及若干道通往围栏外空旷之地的大门，往山上则通向山顶的圣米迦勒教堂。这些建筑组合的寓意至今不明。除此之外，格拉斯顿伯里的水源也是另一个引发人们联想的因素：这里也有两个泉眼，它们相距仅有50米，一个被称作“白泉”，另一个被称作“血泉”。它们的名字源自其流水的颜色，“白

第32～33页图　当英格兰南部特有的大雾升起时，格拉斯顿伯里的这座山丘看起来似乎与四周的乡野毫无联系。从远处看，它就像一座飘浮在云中的神奇岛屿，这种景象不禁使人联想到传说中的阿瓦隆岛。

泉”的水呈乳白色，“血泉”的水则微微泛红。

除此之外，格拉斯顿伯里还遍地生长着紫杉树，这似乎也暗示着这里就是阿瓦隆岛的所在地。在传说中，每一座施有魔法的岛屿上都会长出苹果树，而“阿瓦隆”一词的意思可能就是“苹果园”：在威尔士语中，苹果这个词的发音是“阿巴隆”。在格拉斯顿伯里，除了紫杉树和苹果树，还有另外两棵古老的橡树，分别名为“哥革”和“玛各”（得名自《圣经·启示录》中的两个古老民族）。这两棵树很受人们的尊敬，它们常被认为是过去格拉斯顿伯里入口处的标记。在每年夏至那一天，黎明的曙光会照射出一条若隐若现的直线，将“石山”和这两棵古树连成一线；而在冬至那天，日落时分的太阳光也会形成同样的光影，这些神奇的现象向人们证明了这两棵老橡树是何等重要。其实，在18世纪时，这里曾生长着整整两排橡树，它们和这两棵树一起共同守卫着格拉斯顿伯里。相传，这些树是由德鲁依教的教士们种下的。

在格拉斯顿伯里还有一座山丘，被称作“圣杯山”，它也是冬至、夏至时阳光连接线上的另一个基准点。顾名思义，此山和圣杯的传说有关，相传这里就是亚利马太的约瑟埋藏圣杯的地方。据说，当他把权杖插入英格兰的土地中，格拉斯顿伯里的荆棘就生长了开来。如今，这种荆棘仍然会在圣诞节和复活节时开花，而其物种的起源竟是圣地巴勒斯坦。1539年，在格拉斯顿伯里修道院的最后一位院长迈克尔·怀廷被克伦威尔的部下杀害前，据说曾把一只被他称作“修道院中最珍贵的宝物”的木杯托付给了门徒，并让他们将其藏匿到一个安全的地方。这个木杯会不

第34页图　在格拉斯顿伯里的“石山”山腰上修建有7层的巨型梯田，其功用尚不清楚。有些人认为这代表的是“起源之旅”，而最终通往的“石山”峰顶则可能隐喻着天堂。

第34～35页图　圣米迦勒教堂位于“石山”山顶，它被建造在一座公元5世纪的城堡遗址之上。该教堂在1275年时曾被一场强烈的地震摧毁，重建之后一直使用到1539年修道院受到打压为止。如今所见的教堂塔楼是现代的复原建筑。

会就是传说中埋藏在这座“圣杯山”的圣杯呢？

然而，把格拉斯顿伯里想象成传说中的阿瓦隆，有一个基本条件无法满足：格拉斯顿伯里并不是岛屿。但或许它过去曾经是。

格拉斯顿伯里所属的地区叫作萨默塞特，意为“夏日之地”，这也许是因为每到冬天这里就会被水面浸没，变得无法居住。数个世纪以来，人们一直认为萨默塞特地区从前很可能是一片巨大的沼泽地。最近，通过在此发现的古代村庄中的高脚房屋，也证实了这一点。因此，在许多年前，格拉斯顿伯里看上去应该就像一个被薄雾环绕的岛屿，就如同传说中的阿瓦隆岛一样。英国历史学家蒙茅斯的杰弗里在他所著的《不列颠诸王史》中提到，亚瑟王的遗体被运到格拉斯顿伯里，并埋葬于此。1190年，一位威尔士吟游诗人泄露了英王亨利二世的墓葬之谜后，人们发现了一个疑似亚瑟王陵墓的地方，它就位于格拉斯顿伯里的圣玛丽教堂旁边的一个地穴中。那里的修道士还曾经伪造了一个铅质的十字架，并在上面刻了拉丁文的铭文“Hic iacet sepultus inclitus Rex Arturius in insula Avalonia”，意为“这里沉睡着著名的亚瑟王，他就葬在阿瓦隆岛”。这个伪造的十字架在过去的几百年间吸引了数以千计的朝圣者从世界各地来到这里：人们站在格拉斯顿伯里的土地上，想象着这里就是神秘的阿瓦隆岛——那个飘浮在迷雾中的圣地。

第36页上图　树木在格拉斯顿伯里的历史中扮演着重要的角色：山楂树也被称为“神圣的荆棘”，据说是由亚利马太的约瑟的随从种下的，这种树只在复活节和圣诞节时开花；另外，古老的橡树据说也是从传说中“哥革”和“玛各”的时代延续至今的，它们生长在当年德鲁依教的教士前往“石山”山顶的入口通道旁。

第36页下图　“圣杯山”是一座平缓的圆形山丘，它位于“石山”的侧面。很多研究人员都相信，这里就是传说中圣殿骑士团按照亚瑟王的旨意所选择的圣杯埋藏地。

第36～37页　格拉斯顿伯里的大教堂是整个英格兰南部地区最令人着迷的古迹之一。教堂中那部分曾经从北部十字形建筑的侧翼延伸到唱诗坛的建筑景观，如今只剩下一些残垣断壁，它已经成为格拉斯顿伯里地区的标志。有传说称，教堂内部埋葬着亚瑟王和他的王后格温娜维尔的遗体。

英国

塞那阿巴斯巨人像

(北纬50°48′49″ 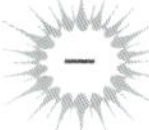 西经2°28′29″)

雕刻在白垩土上的未解之谜，像英格兰的山坡一样巨大

英格兰南部的多塞特郡是一个山峦起伏的地区，在它那美不胜收的悬崖峭壁间点缀着座座灯塔，散发出淡淡的乡愁和孤独，激发了一代又一代梦想家、作家和艺术家的创作灵感。这里的侏罗纪海岸也是世上独一无二的地质遗产，在95公里长的海岸线上，镶嵌着各个地质时期的化石。它就像一部不朽的“石头百科全书”，讲述着过去1.8亿年间在我们这个星球上所发生的故事。

在多塞特郡的群山之中，有一座被称作“塞那阿巴斯”的山，山上雕刻着一幅古老的画作，其意义至今仍未被破解。人们把它称为“塞那阿巴斯巨人像”或“粗鲁的巨人像”，这是一幅在白垩土（一种白色石灰岩）上勾勒出的象形图案，描绘了一个挥舞着大棒的赤裸巨人。这个图形嵌刻在山体的中部，其线条沟槽的深和宽各为30厘米，巨大的人形图案高达55米，宽51米，巨人手握的大棒高37米，整幅画作从周围的山谷中都清晰可见。由于塞那阿巴斯山的表层土壤之下富含白垩土，因此这幅令人震撼的象形图案呈现出鲜亮的白色线条。

塞那阿巴斯巨人像给世人带来了诸多谜题：是谁雕刻了这幅画像？它雕刻于什么年代？用来代表什么含义？其中，人们争论最多的是它的出现年代。在另外一座地处英格兰的阿芬顿山中也发现了类似的画像，它为人们推断塞那阿巴斯巨人像的年代提供了一条可能的线索。位于阿芬顿山的白马像也是由凿刻在山壁上的沟槽勾勒而成的，这幅图形长114米，线条的沟槽深逾1米，其生成年代被断定为距今约3000年的青铜器时代。那么，塞那阿巴斯巨人像也会是这一时期出现的吗？

根据对两者雕刻技术的对比，巨人像和白马像很可能是同一时期的作品。然而，史料记载却不足以支撑这种推测：关于塞那阿巴斯巨人像最早的记载只能追溯到1694年，当时塞那阿巴斯教区曾出价3个先令请工匠对巨人像进行清理和重新刻画。2008年，一支考古工作队通过研究发现，如今的这幅巨人像可能有局部的缺失——巨人的左手中曾经拿着一件物品，可能是一件斗篷或是动物的毛皮。人们试图用各种猜想来解释这一新发现：有些人认为这证实了古人创作这幅画像是来描绘史前的猎户形象；还有些人认为这是两个多世纪前的一幅画谜的答案：巨人左手拿着的兽皮有可能是传说中的尼米亚猛狮之皮。在希腊神话中，大英雄赫拉克勒斯杀死了这只野兽，从而成就了他一生所完成的12项英雄伟绩中的第一项。因此，有人猜想塞那阿巴斯

巨人像所表现的就是这位古希腊的传奇英雄。

与后一种猜测相呼应的是，还有人认为这幅巨人像可能是一幅抨击奥利弗·克伦威尔的讽刺漫画。这位17世纪中期的共和革命领袖曾被他的反对者们讥讽为“英格兰的赫拉克勒斯”。因此有人相信，授意创作了这幅巨人像的或许就是当时克伦威尔的死对头——塞那阿巴斯封地的拥有者丹泽尔·霍利斯男爵。

不论塞那阿巴斯巨人像起源何处，它自落成之日起就一直俯视着塞那阿巴斯山的一草一木，成为整个多塞特地区流传的民间故事的一部分。数百年来，巨人像仅在第二次世界大战中被掩藏过很短的一段时间，因为当时的英国人不想让这个如此容易辨识的地标被纳粹德国空军发现。

如今，塞那阿巴斯巨人像已成为新异教教派崇拜的对象，那些无法生育的夫妇会在巨人像的下体位置附近举行求子仪式。一些夫妇甚至会在月圆之夜，不顾政府的法令和天气的寒冷，在巨人像生殖器部位的草地上做爱，希望借此获得巨人神灵那强大、古老和神秘力量的佑护。

第39页图　这幅鸟瞰图展现出了塞那阿巴斯巨人像的全貌。这幅画作遗迹的宽和高都超过50米。其线条之所以呈现白色，是由于山体表层之下的物质成分是白垩土。为了使巨大的生殖器图案保持鲜明，巨人像的线条凿刻深度达到了30厘米。

第40～41页图　阿芬顿山的白马像也是在山壁上凿刻而成的，它与塞那阿巴斯巨人像相距不远。根据科学测试，已将白马像的完成时间准确地追溯到了3000年以前。然而，并不是所有人都认为这幅史前动物的画像描绘的是一匹马。在众多的假说中，最有趣的一种是将它想象成了一条神话中的巨龙。

德国

戈瑟克圆圈

（北纬51°12′01″ 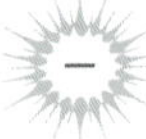 东经11°51′51″）

迄今发现的最古老的太阳天文台，比传奇的英国巨石阵的历史更为久远

德国东部的萨克森州是一个贵族气息浓郁的区域，各种城堡、藏书馆和艺术画廊星罗棋布。然而，它最珍贵的宝藏并不由这里的任何一位收藏家或任何一座博物馆所保存，而是深深地嵌刻在田野之中，这就是欧洲最古老的天文台——戈瑟克圆圈。它得名自附近的戈瑟克镇，该镇隶属于布尔根兰县。自从2003年戈瑟克圆圈向公众开放以来，它也一直被人们称作“德国的巨石阵”。

戈瑟克圆圈是由若干道在地面上挖出的同心圆形壕沟组合而成的，构成了一个直径达75米的圆环形状。在戈瑟克圆圈内部，有两排闭合的环形栅栏，只留下三处开口作为大门，而这三座大门的位置选取是通过观测太阳和星辰的运动而精确设计出的。据推测，戈瑟克圆圈的建造年代可以追溯到新石器时代，这里出土的文物均来自公元前5000年，比英国巨石阵整整早了2000年。然而，考古学界公认的结论认为，处于那个远古时期的史前人类并不具备建造戈瑟克圆圈所需的数学和天文学知识，更别提把它用作天文台了。德国的这处古代遗迹着实令人难以置信，它的存在似乎在迫使考古学家们去改写人类的历史，否则就只能用科幻猜想来解释它了。

2002年，一群飞行员在飞越萨克森州时，发现田地里的庄稼沿着一个奇怪的环状几何图形生长，从此，神秘的戈瑟克圆圈带着重重的谜团走入了人们的视野。戈瑟克圆圈最初包含四圈同心圆弧、一座古冢、一条壕沟，还有两圈一人高的木头栅栏，其圆环留有三个出入口，一个朝向东南方向，一个朝向西南方向，还有一个朝向正北。经研究发现，在7000年前，如果观测者在冬至这一天站在圆心的位置，刚好能看到太阳从东南方向的大门位置升起，在西南方向的大门位置落下。但对那道朝北的大门，至今还没有合理的解释。

其实，这片地区还拥有一系列与之类似的不可思议的史前遗址。据统计，共有200多座古天文台分布在德国、奥地利和克罗地亚，戈瑟克圆圈只是其中最古老、最重要的一处。然而，这个古老的历史遗迹不仅是用来观测日月星辰的，在这里还举行过某些神秘的、未被记载的宗教仪式。通过考古挖掘，在戈瑟克圆圈发现了人类的遗骸和被斩首的动物的骨架，这些证据似乎表明，人们曾在这里举行祭祀活动来供奉神灵。

通过戈瑟克圆圈似乎还可以解开另外一个历史之谜：内布拉星象盘。1999年，人们从德国布尔根兰县内布拉镇的几座石墓中发现了一个不可思议的圆形金属物体。这是一个直径32厘米的青铜圆盘，上面镶有黄金制成的图形，描绘着太阳、月亮和一组由七颗星宿构成的星群（部分研究人员认为这是昴宿星团），还有另外23颗尚未识别出的星星。在圆盘上有三条弧形的黄金镶片，其中两条代表太阳的运动轨迹，第三条描绘的是一条船，也许它指代的是古代传说中的太阳神舟，它被用来在夜晚载着太阳渡过天河之旅。这个青铜圆盘有3600年的历史，被认为是世界上第一幅星象图。而内布拉镇距离戈瑟克圆圈只有25公里，因此，高深莫测的内布拉星象盘的制成，也许正是源自古代祭司们从戈瑟克圆圈中心观测研究天象所得的知识。根据这些推测，人们对古代中北欧文明一贯以来的印象——野蛮落后、与古希腊和古埃及的发达文明有着天壤之别——应当被重新审视了。人类的历史需要被重新改写吗？答案也许就隐藏在这些被遗弃在中北欧中部冰冷土地上的古天文台中。

第42页图　戈瑟克圆圈大约已有7000年的历史了。它那经过重建的环形结构的直径可达75米，由两圈同心圆的环状木栅栏构成，栅栏高2.5米，在三个方向设有作为出入通道的开口。

第42～43页图　戈瑟克圆圈被废弃的原因不详。考古学家们已经在此发现了人类及动物的遗骸碳化后的痕迹，这些细节表明这座古老的圆圈遗址曾经被用来举行过某种祭祀活动。

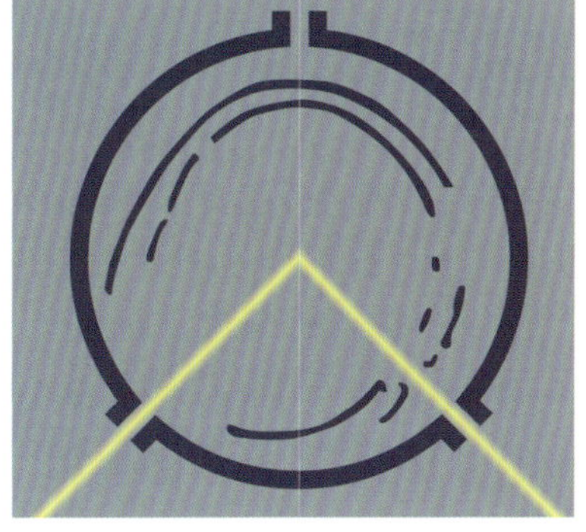

法国

卡纳克巨石阵

(北纬47°35 '31 "  *西经3°5 '5 ")*

一支巨石“军队”已在布列塔尼地区集结了几个世纪，它们似乎在守护着某个秘密，至今仍不可侵犯地矗立在那里

在法国西北部的布列塔尼地区拥有这个星球上数量最庞大的石柱群。近3000座巨大的石柱矗立在地面上，它们有时围成圆环，有时又排成队列。是谁完成了这项浩大的工程？他们的目的何在？这些问题至今依然是未解之谜。这些巨石被称作“卡纳克巨石”，取名自同名的法国小镇。毫无疑问，整片巨石区域已有千年的历史，遗憾的是，它们未能全部完整地保留至今。与此同时，在这些史前巨石之中，还坐落着Kercado支石墓，它是欧洲最古老的巨石建筑之一，早在公元前10000年，远古的渔民们曾将死者埋葬在这里。

在布列塔尼地区，遍布着各种不同形状和体积的神秘巨石遗迹：除了那些经常被建议参观游览的著名巨石阵以外，还能发现一些墓葬陈列、支石墓、单独的直立式石柱以及圆形的石冢。从圣米歇尔圆形石冢（Saint-Michel）望去，一来可以将这片遍布着巨石遗迹的广阔区域尽收眼底，再来还可以饱览布列塔尼地区汹涌澎湃的海岸。在每乃克巨石阵（Le Ménec）的前方，是一个直径超过100米的巨石圈，它那11排呈平行排列的巨石令人印象深刻；接着，每乃克巨石阵的附近还有另外一个直径90米的巨石圈。不远处，是由10多排独石柱组成的石阵，这些石柱从第一排高6.5米，到最后一排高60厘米不等：这就是科马里奥巨石阵（Kermario），它的名字被译作“死人的村庄”。在各种史前巨石柱的排列组合中，异常庞大的“马尼奥巨人”（Manio Giant）依然能够脱颖而出，这座雄伟的巨石高度接近6米。再接着，是规模第三大的科莱斯堪巨石阵（Kerlescan），

第44～45页图　每乃克巨石阵是由11排高度逐渐降低的巨石柱组成的，它们占据着一块宽度达100米、长度超过1公里面积的区域。在该石阵的西部末端，有一个由71块巨石组成的巨石圈，但其东部末端却被损毁得过于严重，已经无法辨别。

它也被称作“火葬之地”，该巨石阵指向东方，由13排相互平行的555块巨石组成。令人惊叹的是，竖立在布列塔尼地区数量近3000座的巨石柱，全部被排列成了10排或更多排整齐的“队列”，其长度绵延超过3公里。但随着时间的推移，这些巨石很多已经遗失、损毁或被盗了。

关于这些巨石遗迹神秘的古代建造者们的假说已经出现了很多种。比如，在那些将这一地区视作圣地的人们的幻想中，他们相信建造巨石阵的古代先人们一定赋有神奇而丰富的精神能量。此外，一位名为亚历山大·汤姆的教授曾宣称，卡纳克巨石阵其实是一个依比例放大的天文台，它由史前人类所创造，被用来预测季节和月亮周期的变化。如果这种理论成立，那么那些生活在新石器时代的古人们一定拥有我们不可想象的几何学、代数学和天文学知识。在这个古天文台的中心，原本矗立着一座被称为“童话之石”（Mané-er-Hroek）的独石柱，但它在18世纪被雷电击中，如今已倒在了地上。“童话之石”是由一整块花岗岩雕刻而成的，其高度足有20米或更高，它曾经在方圆13公里的半径范围内都能被看得到。在卡纳克巨石阵区域内的任何一个地方，它都可以被用来当作观测月亮或太阳运转的视觉参照物。比方说，人们可以通过它来预测像日食这样的天文现象。但是也有些人主张，如果在如此广阔的土地面积上竖立起的这几千座巨石柱，仅是为了天文观测的目的，那么，所耗费的庞大工作量未免远远超过了它们的建造目的，为此而修建巨石阵并无必要。关于这些巨石阵的用途，另外一种

第46～47页图　当黎明的光线照射到科马里奥巨石阵的时候，可以使其有趣的结构展露无遗：沿着10排入射光直线排列的1029座巨石构成了一条绵延1120 米的大道。科马里奥巨石阵距离每乃克巨石阵仅有400米，它的名字在布列塔尼语中的意思是“死人的村庄”。

被广泛接受的假说认为，卡纳克巨石阵是被某种信奉死亡崇拜的史前文明遗留下来的：这里原有的5000座巨石柱其实是用来悼念死者的纪念碑。据那些新异教徒们宣称，时至今日，他们依然能从这个被异常神秘的光环所笼罩的地方察觉到一种上涨的力量。此外，甚至还有人认为，在这片巨大而神圣的区域里，纵横排列的巨石是为了组成通往圣界的道路，在这里曾举行过古老而神秘的仪式，但这部分古老的记忆如今已经遗失了。直到今天，我们仍不知道是哪个史前文明修建了这个宗教祭祀的中心；对他们所崇拜的神灵的名字也不得而知。最后，关于卡纳克巨石阵的由来，当地还流传着一个多彩的传说。据说，在3世纪，圣・科尼利厄斯教皇为了将布列塔尼地区从罗马侵略者的手中拯救出来，他将一支罗马军队神奇地变成了一列列的石阵，这就是神秘的卡纳克巨石阵。

第47页图　在每乃克巨石阵中，体积最大的石柱高度达4米，它们位于这堆巨石的西部边界附近。石柱的高度从西往东逐渐缩小至60厘米，然后石柱的体积再次逐渐增大，直到到达其东部边界。每当黎明来临时，是欣赏这座巨石阵之美最好的时刻。

第48～49页图　这座被称为"Gavrinis"的圆形石冢是在布列塔尼地区的一个小荒岛上被发现的，它便依照这座小岛的名字命名。这座巨石墓室的建造年代可以追溯到新石器时代：其直径达100米的环形结构上像是在举办展览，其中29块巨石上都雕刻有神秘的符号。

第49页图　据统计，卡纳克小镇上现存2934座直立的史前巨石柱。其中，体积最大的石柱高度可达7米，而最小的石柱还不到最大石柱体积的1/10。但是，建造这些巨石阵的真正用途到底是什么，它们究竟是古人用来悼念死者的纪念碑还是用来研究天文学机理的天文台呢？

法国

沙特尔大教堂

（北纬48°26′50″ — 东经1°29′16″）

建筑史上的精品杰作，隐含着传说中圣殿骑士和约柜的秘密

1135年，西多会（天主教隐修院修会之一）的僧侣们开始在巴黎西南方向95公里远的沙特尔村修建一座教堂，它就是日后举世闻名的沙特尔大教堂，也被称作沙特尔圣母院。这座宗教建筑呈现出了一种绝无仅有的融合式的建筑设计风格。由于西多会的杰出领袖圣伯尔纳铎的关系，西多会和圣殿骑士团之间具有紧密的联系，而圣殿骑士团负责守护着各大教堂的建筑资料，就如同他们所守护的其他许多的秘密一样。在圣殿骑士团的众多使命之中，其一便是收集和保存基督教的遗产，在这方面，沙特尔大教堂起到了重要的作用。

沙特尔大教堂的首期建设工程直到1240年才完工，从兴建之日算起共花费了105年，但在这期间，建筑的塔楼和其他一些细节的修建工作仍未完成。1260年，沙特尔大教堂举行了庄严的祭祀仪式。

在沙特尔大教堂最令人叹为观止的建筑元素中，那拼绘在教堂地板上的迷宫图案无疑是其中重要的一项。构成该迷宫图案的石块数量恰好等于女性从受孕到分娩的妊娠天数。很多学者认为，这个迷宫代表着“起源之旅”：从迷宫外围进入其中心，象征的是精神信仰的建立和新生命的诞生。不仅如此，迷宫图案中的通道长短不一，距离其中心目的地忽远忽近，这象征着受基督启发是一条曲折之路，需要经受考验而真心不改才可最终抵达目标。该迷宫图案的通道共长261米，信徒们会遵照它的路线跪膝而行、颈戴念珠并不停地祷告，直到迷宫的中心。时至今日，人们还有机会看到一些宗教团体在每年夏至那一天来到沙特尔大教堂，沿着迷宫图案使用上述方式来修行。在位于意大利罗马附近的阿拉特里也能找到一个与之一模一样的迷宫图案，不过阿拉特里的迷宫中心绘制的是耶稣的圣像，而沙特尔大教堂的迷宫中央绘制的是巨大的玫瑰图案。

沙特尔大教堂的秘密不仅限于迷宫图案，它们还隐藏在其建筑尺寸的各个方面。教堂的中央大殿长74米，与一条穿过圣坛的长37米的虚线交叉。74加上37等于111，这几个神奇的数字在圣殿骑士团的其他许多遗迹中也有出现，而且，它们还将沙特尔大教堂与意大利普利亚区的蒙特堡以及埃及的胡夫金字塔不可分割地联系在了一起。事实上，这三座伟大的遗迹都坐落在同一条纬线上，在它们的设计元素中都能不断发现数字111以及其加数74和37的踪影。

沙特尔大教堂是哥特式教堂中唯一一座将原始的彩色玻璃窗保存至今的。这些彩色玻璃窗堪称艺术杰作，共表现了4000多个人物形象，绝对是世界上绝无仅有的珍藏。透过这些彩窗，光线也成了为沙特尔大教堂营造奇幻氛围的主角之一：不论室外的光照是昏暗或明亮，彩窗似乎都会在室内投射出同样的光辉。不管白昼还是黄昏，彩窗都能在沙特尔大教堂内扩散出同样的迷人光环。

第50页图　在这扇绘有圣徒阿波利奈尔的彩色玻璃窗上，建造者有意留下了一块圆形的区域没有涂颜色：在每年夏至这一天，阳光穿过这个区域后，刚好会投射到正殿西侧地面上那块与众不同的石板上（它是倾斜的且颜色较浅）。这仅仅是建造者设计的小游戏，还是一个尚待破译的秘密线索？

第50～51页图　沙特尔大教堂与光线之间存在两重关系。除了绘有圣徒阿波利奈尔的那扇窗户，另一扇彩色玻璃窗也散发着“神秘感”：不论教堂外的光线亮度如何，从黎明到黄昏，这扇窗户都会向教堂内折射出相同亮度的光辉。

第52～53页图　位于教堂北侧大门处的各种雕像表现了不同的场景，有些出自《圣经·旧约》，有些出自圣母马利亚的生平故事。其中，最令人胆战心惊的一座雕像描绘的是亚伯拉罕紧紧抓住儿子以撒的胳膊，准备牺牲他去献祭。这些庄严华美的雕塑均创作于1205年到1210年。同时，北侧大门也被称为“圣约之门”，因为在这里发现了传说中圣杯的画像，在画像下面用拉丁文刻着“约柜已被送来此处”。

第54～55页图　著名的“沙特尔迷宫”是沙特尔大教堂主要的景观之一：构成迷宫图案的石板数量和女性妊娠期的天数相同，因此有学者认为：穿越迷宫是在象征重生开始新生命的旅程。直到现在，每年夏至这一天还有许多教众会来此一边祈祷一边走完261米长的迷宫通道。

有人认为，形成这样的光线效果是玻璃外部涂抹的彩虹色所致，他们猜测，当时在制作这些玻璃时使用了神秘的配方。另外，在沙特尔大教堂中还有一个谜团至今无人能够破解：在画有圣徒阿波利奈尔的那扇彩窗的玻璃上，有一小块圆形的区域没有涂色，光线可以从那里直接透射进来。这看起来似乎很平常，但人们发现，每当夏至这一天，阳光穿过这一小块圆形区域，形成的光束会刚好投射在教堂地面上那唯一一块倾斜的石板上，并精准地照射到嵌在这块石板上的一小块金色的金属片上形成反光。这块石板位于正殿的西侧，颜色与其他石板相比稍显发白。在沙特尔大教堂中，没有什么是无心的巧合，各种“相符”和隐喻比比皆是，像上述那种古老而精巧的机关设计不可能是毫无意义的。然而，至今还没有人能对此作出令人信服的解释。

除此之外，有人猜测传说中的约柜（基督教圣物，记载着十诫的两块石板）也是沙特尔大教堂所隐藏的另一个巨大的秘密：在该教堂北侧入口处的一根柱子上，绘有约柜的画像并记录有神圣的内容。紧挨着画像的下方，刻有一句中世纪的拉丁文“Hic Amittitur Archa Federis”，意为“约柜已被送来此处”，或许它就是由圣殿骑士团直接送来的。如今，这个圣物会不会依然被埋藏在这座宏伟辉煌的沙特尔大教堂的地穴下面？

梵蒂冈城

教皇的秘密

（北纬41°54′8″ 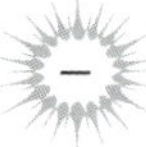 东经12°27′12″）

在这座永恒之城的中央，一间古老的档案室中保存着记载有惊人预言的神秘书卷

梵蒂冈城地处罗马，作为全世界天主教的中心，它被称为“不朽之城”。它是世界上领土面积最小的独立国家，但它却拥有举足轻重的历史地位。梵蒂冈城中的建筑令人叹为观止，几个世纪以来，其间点缀的艺术杰作和保存下来的基督教圣物都在向世人昭示着圣灵的庄严和力量。而在梵蒂冈图书馆那浩如烟海的藏书之中则藏匿着众多的秘密。

其中，最令人难以置信的是一部与梵蒂冈有关的书卷，它的全称是“圣马拉奇预言”。书中记载了这位圣徒对天主教会的终结所做的预言，其中最惊世骇俗的一段这样写道：“在对神圣罗马教会进行的最后考验中，罗马的彼得将会成为教宗，他将带领基督的信徒们经历诸多苦难；等到一切结束，七丘之城（罗马的别称）将会倒塌，令人畏惧的法官将会审判他的子民。”

传说中，圣马拉奇受到了启示，从此可以预言出每一位执掌教廷的教皇。他做出预言的时间是1148年，但是直到1595年，写有其预言的手稿才由本笃会修士阿诺德·怀恩整理成卷，以《教宗预言录》的名义公之于世。全书共列举了112位教皇，对每一位教皇的即位都有一行简短的拉丁文预言。这份长长的名单从教皇塞利斯廷二世开始，到本笃十六世教皇为止。其中，教皇塞利斯廷二世得到的预言是“从台伯河上的一个城堡而来”。这位教皇的确出生在台伯河上游河谷中最早的翁布里亚人聚居地，那里就叫作“城堡之城”。

关于教皇路爵二世的预言是“将敌人驱走”。而这位教皇的本姓“Caccianemici”的字面意思刚好就是“驱逐仇敌的人”。著名的教皇塞利斯廷五世的预言是“从隐居之处被晋升”，而他确实曾是一名隐士。

尽管上述巧合令人印象深刻，但我们也必须看到，看似预言中对每位教皇的描述都言之凿凿，其实字里行间也留下了很大的余地。圣马拉奇对第107位教皇若望二十三世的预言是“牧羊人与航海者”。这位教皇本名安杰洛·隆加利，他出身贫贱，应验了预言中的“牧羊人”；而他曾任威尼斯主教，来自那座水上之城，这也符合了“航海者”的描述。第108位教皇吉奥瓦尼·巴提斯塔·蒙蒂尼（后来的保禄六世教皇）得到的预言是“鲜花中的鲜花”。在他的盾形纹章中有三朵百合花，这种植物常被人们称作“鲜花中的鲜花”。1978年，阿尔比诺·卢恰尼登上教皇宝座，然而他执掌教廷的时间仅有33天。圣马拉奇对他的预言是“De medietate lunae”，有人把它翻译为“两次月圆间隔的时间”，正好对应了他在位的时间。接下来的27年里，担任教皇的是若望·保罗二世，有关他的预言是“De Labore Solis”，可被翻译为“得到太阳的帮助”，有人为这句预言所找的解释是：若望·保罗二世所访问的国家是历任教皇中最多的。在“圣马拉奇预言”中，提到的最后一位教皇的预言是“Gloria Olivae”，这句话与教皇本笃十六世有何关联，至今还无法确定。他也是最后一位在预言中使用

第56页图　圣马拉齐的形象出现在威尼斯圣马可大教堂金色祭坛的壁画中。

第56～57页图　梵蒂冈蕴藏的秘密总能引发人们无尽的遐想。尤其是收藏在梵蒂冈秘密档案室中的文件，似乎含有非常古老且令人不安的预言。

一行文字来描述的教皇。最后，就要说到“罗马的彼得”了，预言中称，他的即位将意味着天主教会的终结。这位“罗马的彼得”也许是一位罗马的神父，或是罗马教廷中的红衣主教，也可能是一位选择“彼得二世”作为称号的教皇。根据第三种猜测，正如当年圣徒彼得受命于耶稣建造他的教堂那样，“彼得二世”将会把教堂归还给耶稣，这样就会形成一个圆满的轮回。

如果你愿意相信这些预言，你会发现它们真的很灵验。

蒙特堡

（北纬41°5＇5″ 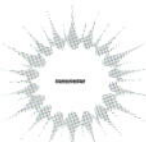 东经16°16＇16″）

在意大利南部，一座庄严宏伟却又令人费解的建筑在向它的探秘者们发出挑战

蒙特堡是世界上最神秘莫测的城堡之一，它建造在465米高的山丘上。如果在地图上画一条直线将圣地耶路撒冷和罗马相连，蒙特堡正好坐落在这条线上。在13世纪，神圣罗马帝国将其疆域拓展到了这里，当时的国王是腓特烈二世，人们也将他称为“Stupor mundi”，意为“世界的奇迹”。我们不知道建造蒙特堡的用意何在，也不确定城堡建成的年代，据猜测应在1230年到1240年。在蒙特堡外围没有修建防御敌人进攻的护城河和吊桥，城堡内也没有地方供军队驻扎或圈养牲畜，甚至没有厨房和储物间。因而有人假设，这里可能曾经是供国王在前往狩猎场的途中停留休憩的地方。然而，如此一座庄严的城堡如果仅用作狩猎小屋似乎建造得过于雄伟了，这是该假设最令人质疑的地方。还有很多人相信，腓特烈二世修建蒙特堡是为了在此保存一份非常精密的秘密设计图。不论如何，这座古堡中没有一处建筑细节是随意安排的，就连其选址也经过精心的计划。蒙特堡正好位于法国沙特尔大教堂与埃及胡夫金字塔连线的中点上，鉴于蒙特堡的建造时间要晚于以上两座历史遗迹，因此，若说它的选址纯属巧合恐怕很难令人相信。

不仅是选址，这座城堡的造型也经过精心的设计。蒙特堡的整体平面结构呈正八边形，围绕着城堡有8座塔楼，每座塔楼的平面结构也是正八边形；城堡分为两层，每层各有8个房间，房间的窗户朝向八边形的内部庭院；庭院中央原来有一个水池，它也曾是八边形的；在城堡大门的通道和通往各个房间的入口处，均绘有不同种类的花卉图案，它们也是每8朵为一组；在房间内的柱顶位置，有每组8枚的花瓣图案；此外，城堡中还有很多建筑细节都不厌其烦地表现了“8”这个数字。至今还没有任何发现能解释数字8反复出现的原因。

腓特烈二世生前曾对东方世界非常感兴趣。尽管他是神圣罗马帝国的统治者，但他却曾两次被逐出罗马天主教会，并且，他还发动了反抗罗马教廷的战争。在他那富丽堂皇到举世罕见程度的宫殿中，曾经经常进出各种诗人、巫师和炼金术士。根据一种小范围内流传的说法，认为蒙特堡中反复呈现的八边形是象征天与地的统一。据历史记载，教堂中修建的浸礼池通常就被设计为八边形，以此颂扬婴儿和上帝之间的关系。此外，另一个反复出现的数字似乎又将蒙特堡和古埃及文明联系在了一起。如果用腕尺（古埃及的长度计量单位）来丈量，可以发现“111”是胡夫金字塔的设计元素中一个非常关键的数字，同样重要的还有数字111的两个加数74和37，这三个数字

第58～59页图　从远处眺望蒙特堡，我们能立即感受到它的独特之处：这座如此令人震撼的城堡为何没有修建任何防御系统？为何它孤独地矗立在山顶，没有任何保护？并且，那些用来驻扎卫队和供仆从居住所必需的附属建筑又在哪里？

第58页图　这幅绘有国王腓特烈二世及其姓名首字母的袖珍画像，出自一部1344年的编年史。他是斯瓦比亚公爵、德国国王、神圣罗马帝国皇帝和耶路撒冷国王。腓特烈二世来自霍亨斯陶芬家族，是阿尔塔维拉王朝的后代，他也被称为“stupor mundi”或“puer apuliae”，意思分别是“世界的奇迹”和“普利亚男孩”。

第60～61页图和第61页图　从蒙特堡的整体建筑结构可以看出它的设计者非常沉迷于八边形这种几何形状：通过从上方俯视或从内部庭院仰视这两种角度来观察蒙特堡，可以很容易地领略到整体建筑的双层八边形设计。不仅如此，城堡外围那8座塔楼的底座也都是八边形的，并且城堡内每层都设置有8个房间。

也在神秘的法国沙特尔大教堂的设计元素中反复出现过。此外，不论蒙特堡8座塔楼中的任何一座，如果将其暴露在外的6个平面的宽度相加，之和正好是37腕尺；而若将城堡内庭院的所有墙壁的长度相加，之和是111腕尺。腓特烈二世不仅采用了这些古埃及人热衷的数字来建造蒙特堡，他还从古埃及人的建筑方法中获取了启发：在某些特定的日子里，太阳光投射出的影子会非常精确地与城堡中几个固定的点重合。更巧合的是，腓特烈二世生于1194年12月26日，离世时56岁；而蒙特堡的8座塔楼各有6个外立面，再加上城堡的8面外墙，其总和刚好也是56。

这些只是单纯的数字游戏吗？有可能。但也有人相信，这座令人印象深刻的建筑物曾经是一个巨型的保险箱，它被用来存放传说中的圣物——圣杯。整个城堡也许就代表了那个传说中被遗失的圣餐杯。当腓特烈二世在1250年过世时，人们按照他生前的要求，遵照西多会修士的习惯，为他的遗体披上了长袍。而西多会正是法国沙特尔大教堂的建造者，也是圣殿骑士团的精神支柱。对那些“宁可信其有”的人而言，这更进一步证明了腓特烈二世所修建的这座建筑杰作曾经参与过圣杯的传递，或许，圣杯至今依然藏匿于此。

罗马尼亚

吸血鬼德拉库拉的城堡

（北纬45°30′54″ 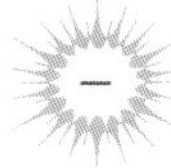 东经25°22′2″）

在历史和传说中，特兰西瓦尼亚地区的某些地方曾是威拉德亲王实施残酷暴行的现场

1897年，爱尔兰作家布拉姆·斯托克在他创作的小说中，塑造出了吸血鬼德拉库拉这个恐怖人物的代表，其形象令人毛骨悚然。从这部著名的小说面世那天起就有各种研究人士试图找出故事的原型，人们想知道是哪位真实的历史人物为斯托克创作吸血鬼的故事提供了灵感，同时，人们也在猜测吸血鬼那阴森恐怖的城堡究竟位于何处。

吸血鬼是最古老的神话故事角色之一。在古巴比伦、古埃及、古代南美洲，几乎所有的古代文明中都流传着与之相关的各种版本的传说。在这些传说中，无一例外地讲述了一种能死而复生的怪物如何在世间追杀活人。但是在斯托克的小说里，他却将故事的发生地选在了罗马尼亚。这种选择也许是由于罗马尼亚这片土地非常独特地结合了几种要素：那里有茫茫的荒野、哥特风格的城市，以及一位嗜血的亲王。罗马尼亚是一片非常神秘的土地，也许它在整个欧洲都可算是最神秘莫测的国度。在这里，德拉库拉不仅仅是小说中吸血鬼的名字，它还属于一位15世纪的贵族，他的全名是威拉德三世·德拉库拉。由于他嗜好实施酷刑而臭名昭著，其中，他尤爱刺穿对方的身体，因此他获得了“刺穿者威拉德”的外号。他的父亲名为威拉德二世，是一位龙骑士团的秘密成员。在那个时代，龙是恶魔的同义词，龙骑士团的成员们全部都身穿黑色斗篷，头戴红帽。

威拉德三世于1431年出生在锡吉什瓦拉，这里是欧洲现今保存最完好的中世纪城堡的所在地之一，被誉为“特兰西瓦尼亚的明珠”。威拉德三世诞生的那幢房子如今已被命名为“德拉库拉故居”，它有龙形的徽章作标记。在这座房子里发现的中世纪壁画是迄今为止唯一一幅威拉德三世的画像。与“德拉库拉故居”相隔三座房屋，是一座巨大的钟楼，其内部有一个博物馆，馆中陈列着威拉德三世最钟爱的酷刑工具，看上去令人胆战心惊。

威拉德三世·德拉库拉那些闻名于世的暴行发生在15世纪中叶。在历史上，他是手持重兵的一方诸侯，他的封地瓦拉吉亚如今是罗马尼亚的一个地区。威拉德三世在世时便被人们描述成一个嗜血成性的恶魔，随着时间的流逝，他的名气更是与日俱增。在欧洲各地的大街小巷中都能听到这位德拉库拉又新犯下了哪些令人发指的暴行，其中，最出名的当数他热衷于亲自动手折磨、拷打直至杀死他的仇敌。布拉姆·斯托克所塑造的吸血鬼德拉库拉和历史上真实存在的威拉德三世之间有不少共同的特性，其中最主要的一点就是他们都对人类的鲜血有特别的嗜好。

瓦拉吉亚是威拉德三世·德拉库拉的封地，或许那里也是真正的吸血鬼的地盘。塔哥维斯特曾是威拉德三世的居城，在那里建有他的城堡，如今只剩一片废墟。唯一屹立不倒的只有辛迪亚塔楼，这座塔楼是由威拉德三世下令建造的，或许那里正是他用来谋划和施行血腥酷刑的地方。那些侥幸逃过刺刑的囚犯都会被送到80公里以外的黑暗的波奈里城堡。威拉德三世曾经下令将这座受损的古堡复原，作为自己的大本营。因此，波奈里城堡曾是德拉库拉真正的巢穴，这里也被称作“暗黑亲王的城堡”。

然而，在布拉姆·斯托克的小说里，吸血鬼德拉库拉的出没地在波戈小道，这是一条极为古老的小路，位于喀尔巴阡山脉的南部，沿途满是令人陶醉的

第62～63页图　当夜幕降临，这里的景色会更加激发人们的想象，令人不禁相信那些发生在特兰西瓦尼亚地区的不祥传说似乎真有其事。拜恩古堡的建筑风格与布拉姆·斯托克笔下著名的吸血鬼德拉库拉的栖身之地刚好相符。此外，这里繁茂的树林更为古堡营造出了一种令人极为不安的氛围。

第64页图　拜恩古堡矗立在高处俯瞰着布拉索夫城区。在白天，它那特点鲜明的尖形屋顶会令人联想到童话中的场景；而到了夜晚，这里的景色则迥然不同。拜恩古堡的所在之处原来是一座属于条顿骑士团的碉堡，其现存的建筑建造于1377年。然而，通过鸟瞰拜恩古堡，会发现这里缺少布拉姆·斯托克在小说中提到的那条河流。

第65页图　这幅威拉德三世最著名的画像绘制于1560年，它现在保存在奥地利因斯布鲁克市的阿姆布拉斯城堡中。这其实是一幅仿制品，画像的原作绘于威拉德亲王在世之时，他也被人们称为“刺穿者威拉德”。他于1431年11月2日出生在锡吉什瓦拉，卒于1476年12月16日，他离世的地点很可能是罗马尼亚的南部城市朱尔朱。

山区美景。尽管从波戈小道望向崎岖起伏的山峦，隐约可见的地平线会让人感到一些诡异的气氛，但其实这里根本没有任何德拉库拉城堡的踪迹。

实际上，斯托克对吸血鬼城堡的描述参照的是拜恩古堡的建筑风格。这座矗立在哥特式古城布拉索夫郊外的古堡，在白天看上去是一幢迷人的建筑，但到了晚上却看似是一个不祥之地，那些狭窄的楼梯和环绕着庄园的茂密树林令很多参观的人感到汗毛直立。现今，拜恩古堡是罗马尼亚的国家级历史古迹。该城堡修建于1377年，其原址是一座属于条顿骑士团的废弃碉堡。但是，拜恩古堡的一些细节与斯托克小说中描写的德拉库拉的藏身之处并不相符，比如，这座城堡的附近并没有宽阔的河流。当然，拜恩古堡周围纷乱繁杂的树林和特兰西瓦尼亚地区的哥特式风景与斯托克所描绘的吸血鬼巢穴还是很接近的。

到底哪座城堡才是德拉库拉真正的老巢，“刺穿者威拉德”究竟葬于何处，这些依然是未解之谜。

AVEIDA . DVX . WAL

第66页上图、下图和第67页图　不论拜恩古堡是否真是布拉姆•斯托克所描写的吸血鬼德拉库拉的城堡，这里毫无疑问是欧洲最美丽的城堡之一。每年，有成千上万的游客从世界各地来此参观，他们全都是被传说中恐怖的吸血鬼伯爵带来的刺激吸引来的。你可以在城堡中那长长的步道上漫步，并参观瓦拉吉亚亲王威拉德三世住过的房间。城堡中那些巨大的塔楼通过数十条廊道连接，这些廊道过去曾被用来储存火药。如今，这里收藏着曾经属于玛丽女王的精美艺术品和家具，以及制作于14世纪到19世纪的武器和盔甲。

第68页上图、下图　威拉德三世于1431年出生在锡吉什瓦拉市博物馆广场6号，一幢三层高的房子里。这幢房子如今开设有著名的啤酒馆和餐厅，门前那条由雨花石铺就的道路依然保留着原始的风貌。房子内部可以参观，现今它被称作“威拉德·德拉库拉故居”。就在威拉德三世出生那年，他的父亲正好被神圣罗马帝国的皇帝西吉斯蒙德授予了龙骑士团成员的身份。

第68～69页图　塔哥维斯特曾是威拉德三世的栖身地之一，他的半身像如今依然立在城堡废墟的附近。在威拉德三世下令兴建的辛迪亚塔楼（也称为日落塔）内部，开设有长期的展览，该展览依照有关事件发生的先后顺序来展示这位嗜血亲王曾犯下的残酷暴行。

第70～71页图　维索科地区在古代可能是一个宗教中心：事实上，在这一区域已经发现了7座金字塔。其中最大的3座，被分别称为“月亮金字塔”、“太阳金字塔”和“龙金字塔”，它们所在的位置正好位于一个完美的等边三角形的三个顶点上。据推测，隐藏在克里兹山丘中的可能是月亮金字塔。

波斯尼亚

维索科的金字塔

（北纬43°59＇33＂ 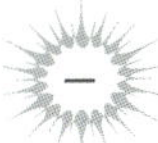 东经18°10＇21＂）

一项正在进行的饱受争议的考古发掘工程似乎表明，欧洲最大的金字塔可能就隐藏在三座青山之下

在波斯尼亚和黑塞哥维那共和国的心脏地带，距离其首都萨拉热窝仅几公里远，耸立着三座奇特的山丘，近些年来它们引起了考古学界激烈的争论。2005年，波斯尼亚裔美国考古学家塞米尔·奥斯玛纳奇宣称他发现了世界上最大、最古老的金字塔。根据他的说法，环绕着维索科村庄的这三座山丘，实际上是三座巨型的金字塔，只是经过近千年的时间，它们的表面被植被覆盖了起来。然而，想在此开展考古挖掘工作十分不易，因为学术界对奥斯玛纳奇提出的假设并不认同，而且，该地区还是20世纪90年代南斯拉夫内战时遗留下的巨大雷区。人们将整片维索科区域称为“金字塔山谷”，并将这三座山丘分别称为“太阳金字塔”、“月亮金字塔”和“龙金字塔”。如果这里真的存在奥斯玛纳奇所声称的重大发现，那么，从这三座山丘目前的规模来看，一旦将这些金字塔“发掘”出来，仅是太阳金字塔的高度就将达到220米，将比闻名世界的埃及胡夫金字塔更高。

奥斯玛纳奇称：“在维索科山谷，建有地球上最大的建筑群。三座巨型的四面体金字塔建筑，按照极为严格的几何原理建造。不过，我们必须找到证据证明这些奇观是由人类制造的。从金字塔遗迹中获取的石块是由水泥制成的，而且是一种优质的水泥，甚至比我们今天生产的水泥的质量更好。这些金字塔古迹经受住了数千年的洗礼，这一事实充分证明了其所使用的建筑材料质量上乘。”

从卫星图像显示，这三座山丘刚好位于一个等边三角形的三个顶点上，而且它们的朝向也恰好都对应着这个等边三角形的中轴线，从这种布局来看，三座山丘中似乎确实隐藏着金字塔形状的建筑物。但是，假设波斯尼亚境内真的存在这样的建筑群遗址，那么它们到底是由什么人、在什么时间建造的还有待考证。据推测，其建成年代大约可以追溯到公元前10000年，然而，考古学家们却还没有在这片区域发现过任何痕迹，能够证明曾存在某种人类文明有能力在那样的远古时代完成如此宏伟的建筑工程。

奥斯玛纳奇还称：“随着我们的地质学和考古学研究的逐渐推进，我们发现越来越多的证据，显示这些庞大的历史遗址的创造者是人类。在地表之下1米深处，我们发现砂岩石板按照完美的规则排列。非常明显，这些巨大的砂岩石板是由人类手工制成的，这一点就算是5岁的孩子都能看得出来。更何况，在对这些砂岩石板进行材料分析时，我们发现这是一种由黏合剂连接的建材，同样的材料在太阳金字塔和月亮金字塔中也有发现。这表明，三座金字塔是由相同的建造者，使用相同的黏合材料建造而成的。”

奥斯玛纳奇还提到：“当我们开始掘出这些历史遗迹的墙体和阶梯时，我们发现在月亮金字塔上有一个引人注目的矩形结构。我们注意到月亮金字塔、太阳金字塔，还有龙金字塔的位置以一种不同寻常的方式排列，构成了一个三角形的三个顶点，每个顶点距离另外两个顶点都是2.2公里。如果仅靠大自然的力量，会有多大的可能性形成这样的情况：三座山丘都是一模一样的四面体结构，每个面都是三角形，山顶都是一个平面，都完美地朝向大三角形的重心基点，而且，三座山丘构成的还是一个等边三角形？这绝对不可能是自然界发生的巧合。并且，我们在靠近金字塔顶部的位置发现了更多的砂岩。这些砂岩石板是垂直摆放的，我们都知道，大自然是无法将什么东西垂直地放在那儿的。”

若去参观维索科金字塔的挖掘现场会十分有趣，当你走在被开掘出的步道上，看着出土的巨石块，一定会对这些我们尚无法确定的现实浮想联翩。然而，也有人痛斥这些挖掘是一种“亵渎”行径。美国宾夕法尼亚州州立大学的加勒特·法甘宣称：“人们不应当允许他们（奥斯玛纳奇等人）为了追求这些妄想而去破坏真正的古迹……这就如同是有人被准许用推土机铲平英国巨石阵，而只是为了查明它下面是否存在某个已失落的古代文明所留下的秘密房间。”维索科的金字塔究竟是幻想还是现实？也许未来几年的研究可以告诉我们——那些考古学家们所定义的人类文明史是否需要被改写。

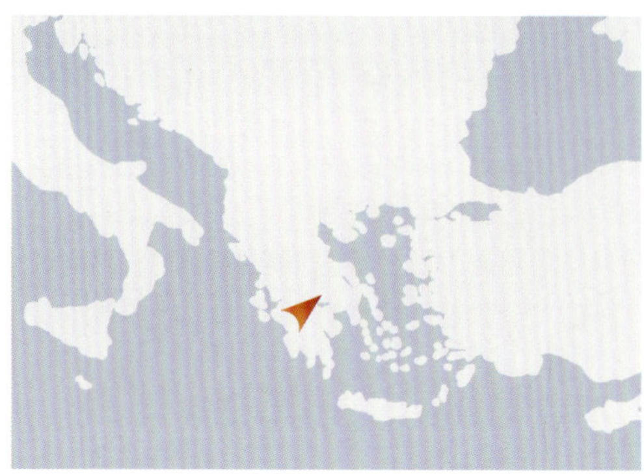

第72~73页图　德尔斐神谕圣殿坐落在帕纳塞斯山的山坡上，它最初供奉的是大地女神盖亚。在古希腊传说中，掌管天地的神灵盖亚和乌拉诺斯正是在帕纳塞斯山的顶峰结为夫妇的，这也象征着天和地在此结合。在奥维德所著的《变形记》中，帕纳塞斯山的山顶是上帝制造的大洪水中“地球上唯一不会被水淹没的地方”。

第73页图　一只制作于公元前6世纪到5世纪的基里克斯杯（一种希腊特有的陶瓷材质酒杯），其杯身的图案表现的是雅典国王埃勾斯正在向皮提亚和德尔斐神谕求教。神谕的力量几乎不受疆域的限制，因而各国的国王都屈尊前来寻求预言和征兆。

希腊

德尔斐神谕

（北纬38°29′ 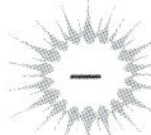 东经22°30′）

古代的君主和将领们来此了解他们的未来；
艺术家和诗人们来此获取灵感

古希腊的德尔斐神殿始建于公元前7世纪，那时人们相信它所在的位置就是世界的中心点。在神话中，众神之王宙斯将德尔斐选作了世界的中心，因为他从世界的两个极点同时放飞的两只雄鹰，在同一时间都飞到了此处。德尔斐是世界上最著名的宗教圣地之一，也是古希腊最大的中心城市之一。直到今天，来到德尔斐河谷的游客们仍会不由自主地被这里古老而神圣的气氛所感染。

在古希腊语中，“中心点”一词也被人们用来指代一块圆锥形的神石（如今它被保存在德尔斐博物馆中）。从前，阿波罗神殿的祭司们要站在它旁边才可以预测未来。关于德尔斐神谕，世上流传着很多不同版本的传说，其中包含着诸多的难解之谜。

若想了解德尔斐得名的由来，我们须从希腊神话中寻找线索。根据《荷马史诗》中的讲述，太阳神阿波罗把自己变作一只海豚（在希腊语中，“海豚”一词写作“delphìs”，它与德尔斐的拼写非常相似），跳上了一艘从克里特岛起航的大船，它迫使船上的水手们将船驶到距离德尔斐河谷最近的港口克里沙，并让他们在自己的神殿中担任了祭司。在另一个神话传说中，德尔斐的词源来自一位仙女的名字——达芙妮，她是大地女神盖亚身边的先知。太阳神阿波罗亵渎了她的庙宇并杀害了她，用血腥的方式夺走了她预知未来的本领，从而将她的法术占为己有。在罗马统治时期，希腊历史学家普鲁塔克曾担任过德尔斐圣殿的祭司，在他的著作《神谕的荒废》中，曾描述了一种神秘而古老的仪式，它正好与上述传说相关。他如此写道：“每隔9年，在德尔斐神庙的入口处都会搭建起一座王室风格的木屋，并会模仿一场夜间袭击的情景……用来呈放初熟果实的桌子被掀翻在地，木屋被点燃，手持火炬的男子一直前行，不向后回望一眼。然后，在这场夜间袭击中领头的这名年轻男子走向神庙，净化自己的灵魂；当他从神庙凯旋时，头上戴着月桂枝编成的花冠，

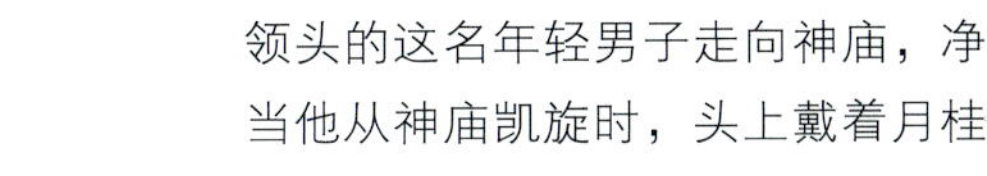

手中拿着一根月桂树的枝条……”

根据神话传说，德尔斐神殿最早是用蜂蜡和羽毛建造的；第二次使用蕨类植物搭建；第三次使用月桂树的枝条搭建；第四次是由火神赫菲斯托斯用青铜建造，屋顶上还有黄金做的鸟儿在歌唱；第五次是使用石头建造的，却被烈火摧残，之后才被重建成最终的形状。

可以非常肯定的是，早在公元前14世纪，也就是德尔斐神殿建成前整整7个世纪，德尔斐的人们信奉的是一位女性神灵。通过考古挖掘，在遗址的最深处发现了许多小雕像，从中都能看到这位女神的形象。在德尔斐还发现了一个古老的神龛，它是由克里特岛人建造的，专门用来供奉大地女神盖亚。后来，从北方迁徙到德尔斐的希腊人最终用太阳神阿波罗取代了大地女神成为新的崇拜对象。

在希腊人统治地中海地区的时期，每个城邦国家都会前往德尔斐祈求神谕，以此来确定自己的征战目标，以及如何发动战争。每个城邦都在德尔斐

第74～75页图　在希腊神话中，卡斯塔利亚是一位山林间的仙女，她被阿波罗变作了德尔斐的一股清泉。据说，任何人只要喝下卡斯塔利亚泉的泉水，或者只是聆听到泉水的潺潺之音，都能从诗歌精灵那里获得灵感。同时，这里也是皮托运动会（也称德尔斐运动会）开始的地方，因为，相传这里就是德尔斐巨蟒被杀死的地方。

第75页图　在阿波罗神殿中发现的圆锥形神石如今被保存在德尔斐的考古博物馆中。很多人认为，陈列展出的这件是复制品，真正的神石被发现的地方是内殿（adyton，字面意思是“禁止进入的地方”）。在这座神石的表面刻有浮雕，其图案是用来遮盖原始神石的羊毛毯的编织花纹。然而，最近的研究却认为神石的摆放位置应该是在雕像“跳舞者立柱”的顶部。

建有自己的“宝库”，即用来存放供神祭品的房屋，他们通过各自向神进贡的慷慨程度来相互竞争神灵的庇护。

当时所供奉的还愿品都十分珍贵，足以证明那些虔诚的城邦及个人对神谕的忠诚。因此，有一段时间，阿波罗神殿曾成为一个国际化的政治观察站，这里的祭司们拥有强大的力量，可以决定当时的国际政治格局。

神谕的力量是巨大的，它可以引起城邦间的冲突，甚至战争。为了获得神谕，阿波罗神殿的女先知皮提亚会先从那个传说中被阿波罗杀死的德尔斐巨蟒钻出的地缝处吸入一种烟气，并咀嚼月桂树叶（希腊人认为这种植物是阿波罗的圣物），然后她就会进入迷幻状态，开始使用混乱和深奥难解的言语来宣告神谕。

当时的外国人同样会到德尔斐祈求神谕：吕底亚国的克里萨斯国王曾去向女先知皮提亚询问是否应该与波斯国开战，并为此奉上了重量惊人的贵重金属。皮提亚给他预言，如果他能越过哈里斯河，一个伟大的王国就会沦陷。在这个神谕的刺激下，克里萨斯国王忘了问清楚是哪个王国即将沦陷就发动了战争。最终，那个沦陷的王国却是他自己的吕底亚国。这也进一步说明，所有的预言在本质上都是模棱两可的。

人们至今仍然无法了解，为何从那个地缝中散发出的烟气会令人沉醉并引发预言，历史学家狄奥多罗斯和普鲁塔克对这种烟气的功效都曾做过记载。如今依然可以看到这种烟气，其成分可能是碳氢化合物一类的气体，或许，它现在依然能够为预言新的神谕带来灵感。

第76～77页图　雅典娜·普罗纳亚神殿（普罗纳亚在希腊语中意为“在神殿之前”，这里的“神殿”指阿波罗神殿）毫无疑问是整个建筑群中最引人注目的一部分。这座多利斯风格的庙宇建成于公元前6世纪，它那高度超过4.5米的支柱非常有特色。它在公元前373年发生的一场剧烈的地震中被摧毁。

第77页上图　德尔斐剧院建于公元前4世纪。如今它的原貌依然可见，这要归功于公元前160年由珀加蒙的欧迈尼斯二世所进行的大规模修复工作。这座古老的剧院建造在山上，观众能从这里欣赏到整个德尔斐圣地及下方山谷的景色。该剧院共设有35排座位，可以容纳5000名观众。

第77页下图　苏格拉底的一位学生查勒丰曾在这里请教神谕，询问他的老师是否是最有学问的人。皮提亚回答说，没有人比苏格拉底更博学。苏格拉底久经思考和自省之后，才真正理解了这句箴言所蕴含的令人震撼的含义：说他是最有学问的人，正是因为“他知道自己有所不知”。

希腊

亚特兰蒂斯

（北纬36°23′17″ 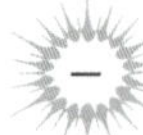 东经25°27′35″）

柏拉图所描述的这块传说中失落的大陆，也许与奇妙的锡拉岛存在联系

亚特兰蒂斯是神话中的神话。在传说中，我们的星球上曾存在一个非常古老且高度发达的文明——亚特兰蒂斯，它出现于所有其他已知的人类文明之前，然而，一场大灾难却将它彻底摧毁，使它连同它的文明一起沉入了海底，永远地从这个世界上消失了。而且，据传，如今我们所拥有的知识，都是我们的祖先从亚特兰蒂斯文明的基础上传承并发展而来的。

“亚特兰蒂斯”这个名字最早出现在古希腊哲学家柏拉图的两篇著名的对话录中。其中一篇是《提迈奥斯》，它约著成于公元前360年，我们能从中读到这样的描述：“在你们现在称作‘海克力斯之柱’（今直布罗陀海峡）之外不远的地方，曾有一座岛屿。这座岛屿比利比亚和小亚细亚加在一起还要大，它是大西洋上通往其他岛屿的必经之地，穿过这些岛屿你可以到达它们对面的大陆……后来……突然发生了猛烈的地震和大洪水，以至在一天一夜之内……一切的一切，都消失了。从此它沉入了大海，亚特兰蒂斯毁灭了。”在柏拉图的这篇著作中，还有一段是对这块失落大陆的首都所作的详细描述：“城市坐落在一片平原上，而这片平原的四周被群山环绕……这是一片狭长的平原，它的两边都有3000视距长（约合555公里），城市中心距离海洋有2000视距（约合370公里），所有道路的地势都由市中心向城市外围的海洋下降……在城市中心附近，相距大约50视距（约合9公里）的地方，有一座看起来并不很高的山……那是国王的居所，其直径有5视距（不到1公里）。”在柏拉图的另一篇对话录《克利蒂亚斯》中，尽管令人遗憾的是这篇对话并不完整，但它却进一步记载了亚特兰蒂斯约存在于11000年前，那时海神波塞冬“将这座山圈起来……使三条海陆交替环绕成不同宽度的同心圆……”在其首都的中心建有海神波塞冬的神庙，它全部由白银覆盖，神庙中雄伟的海神及其战马的雕像几乎与寺庙顶一样高，并且全部由黄金打造而成。

在超过2000年后，柏拉图记载的文本引发了人们空前的幻想，激发了无数的人去寻找亚特兰蒂斯失落的宝藏，由此，我们这个星球上最大规模的寻宝拉开了序幕。尽管有怀疑论者认为亚特兰蒂斯只是柏拉图虚构出的故事，他是想借用亚特兰蒂斯文明的发展和没落来警示当时沉浸在先进文明中的希腊人。与此同时，有更多的人坚信柏拉图记录下的是一段真实的历史。无论如何，亚特兰蒂斯已被人们无数次地想象，几乎世界上的任何地方都被假定过曾是亚特兰蒂斯存在的地方：从玻利维亚高原的山巅到大西洋洋脊的深处；从南极洲的冰川到加勒比海温暖的水域。亚特兰蒂斯无处不在，它就像是所有古老文明的原型，穿越了不同的文化和民族，穿越了时间和空间的界线。但是对于柏拉图的后代来说，希腊人更愿意相信亚特兰蒂斯就存在于本国之内。特别是一座位于基克拉泽斯群岛中的岛屿，它被叫作锡拉岛。

希腊的锡拉岛是世界上最值得一去的岛屿之一，它如今的地形结构是一系列的火山喷发形成的。据说，其中最大型的一次火山喷发曾经摧毁了整个地中海。那次发生在远古时代的火山大爆发，曾将18立方千米的岩浆直喷上天空；后来，在暴雨般降落的熔岩之中，科学家们发现了被包裹其间的考古遗迹，通过年代测定，将这次火山喷发的年代推定为公元前1456年左右。地质学家安杰洛斯·加拉偌普洛斯对这次火山喷发的时间也做出了同样的假设，他甚至把它与《圣经》中描述的各种事件联系了起来：地震，红海的海水神话般地自动分开，形成一条路；更重要的是，在《圣经·出埃及记》中描述的“黑暗之灾”与锡拉岛火山大爆发时天空被火山灰遮盖所形成的黑暗也相符。但问题是，这一时间与柏拉图提出的亚特兰蒂斯毁灭的时间不一致。针对这一点，加拉偌普洛斯又提出这样的猜测，他称，可能是流传到后世的柏拉图《对话录》的手抄本在人工誊抄的过程中出现了差错：也许应该是公元前900年，而不是公元前9000年。无论如何，将锡拉岛视作传说中亚特兰蒂斯的所在地，只是世界各地的研究人员们致力证实的成千上万的假说中的一种，有些人甚至把他们的一生都投入到了对亚特兰蒂斯的不懈研究之中。世人对这块失落大陆的搜寻仍在继续。

第78～79页图和第80～81页图　锡拉岛的火山口风景，是火山喷发后留下的凹陷，它们全都呈现出完美的圆形。这留给我们去想象，也许那次曾达到破坏整个地中海强度的火山大爆发，其力量足以改变地质结构，并使传说中亚特兰蒂斯所在的岛屿沉入了大西洋的深处。

第79页图　阿萨内修斯·基尔舍是17世纪最伟大的学者之一，他是一位科学家、火山学家、东方学家和古埃及象形文字专家。在1665年，他出版了这幅神秘的地图，将传说中的亚特兰蒂斯岛标注在了大西洋上的这个位置。

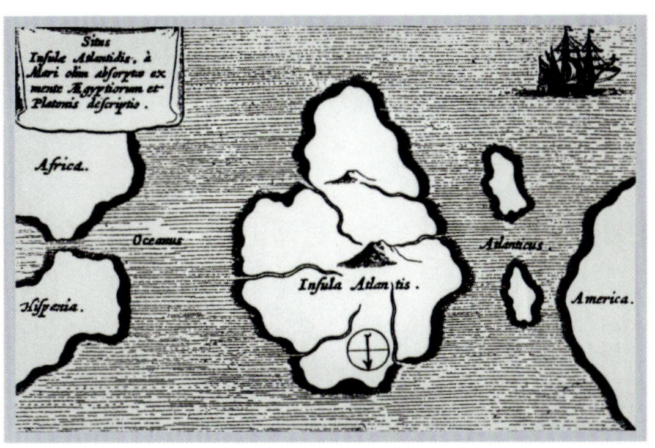

克诺索斯宫殿

（北纬35°17′52″ 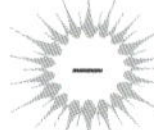 东经25°9′46″）

忒修斯、阿里阿德涅、代达罗斯以及怪物弥诺陶洛斯——这些伟大的希腊神话都发生在位于克里特岛中央的这座宫殿遗址周围

坐落在地中海中央的克里特岛是希腊最大的岛屿。在距离克里特首府伊拉克利翁仅几公里远的地方，矗立着一座被世人广为传颂的奇观——克诺索斯宫殿。这里是古代神话中囚禁弥诺陶洛斯这个半人半兽、长有牛头的巨怪的监狱。

克诺索斯宫殿是代表米诺斯文明的极好例证，该文明从公元前3000年起开始统治克里特岛。克诺索斯宫殿的建造时间可以追溯到公元前16世纪，1900年，英国考古学家阿瑟·埃文斯将它发掘出土，并组织了对克诺索斯宫殿遭损毁建筑的复原和重建工作，他甚至对这里原有的壁画进行了复制。

这个古老的建筑群包括1400个房间，面积超过22000平方米。如今，我们可以观赏到曾经用来供列队行进的大厅、储藏室及陈列其中的古董陶罐，以及寺院、王室寝宫、王宫正殿及位于其内部的大理石宝座。

克诺索斯宫殿的建造，开创了西方文化中一个重要的主题——迷宫，该主题也给艺术和文学领域带来了诸多的影响。

克诺索斯宫殿或许是那位流传在神话中的传奇建筑师代达罗斯的设计杰作。

在世界的每个角落，每一种文化当中，关于迷宫都有数不尽的神秘故事：它是一个永远令人着迷的文化主题。

有些人认为克诺索斯宫殿可能正是一座迷宫，它被用来囚禁那个人身牛头的怪物弥诺陶洛斯。还有些人则认为它是一座巨大的神庙。

神话传说中的弥诺陶洛斯与克里特岛的历史紧密相连。公牛的形象在克诺索斯宫殿的壁画和其他考古发现中反复出现，其中一种常见的场景是描绘了青年男女从牛背上翻越而过。另外，在克诺索斯宫殿发现的钱币上也绘有迷宫，有人认为迷宫图案中央的标志是牛角，也有人将这个标志称为弦月。在这个有诸多版本的神话中，宙斯将自己变身为一头公牛，诱拐了一位非常貌美的凡间女子欧罗巴，并把她带到了克里特；宙斯和欧罗巴生下了三个孩子，其中之一是弥诺斯。

弥诺斯被克里特国王收养，在养父去世后他最终继承了王位。海神波塞冬曾为了帮助弥诺斯赢得王位之争，从大海的浪涛中召唤出一头白色的公牛。

然而，弥诺斯却被这头公牛的美丽所征服，拒绝履行自己先前对波塞冬许下的承诺，没有将这头公牛作为祭品。海神为了报复，使弥诺斯的妻子爱上了这头公牛，并与之私通生下了阿斯忒里翁，它也被人们称作“弥诺陶洛斯”，它是一个人身牛头的嗜血怪兽，喜食人肉。弥诺斯国王因此下令，命代达罗斯建造一座适合关押这头怪兽的监狱，这就产生了克诺索斯的迷宫，它那错综复杂、弯弯曲曲的狭窄空间使人一旦进入就无法找到出路。

每隔9年，就会有从雅典进贡来的少男少女被喂给困在迷宫中的弥诺陶洛斯。但是在第三次献祭的时候，作为牺牲品的7对少男少女中有一位是少年英雄忒修斯，他曾经击败过海神波塞冬的白色公牛。弥诺斯国王的女儿阿里阿德涅爱上了这位少

第82页图　忒修斯战胜怪兽弥诺陶洛斯的故事是最古老的希腊神话之一，而弥诺斯的克里特王国与代达罗斯设计修建的迷宫，在希腊最早的文字资料《荷马史诗》中都有提及。数个世纪以来，那场标志性的胜利始终贯穿在希腊的文明史之中。

第82～83页图　当我们从北侧入口进入宫殿的庭院时，可以欣赏到一幅壁画，画中是一头正要拔足狂奔的公牛。为了使壁画展现出这种栩栩如生的效果，创作者要先用湿石膏塑型，然后在模子干透前涂色。

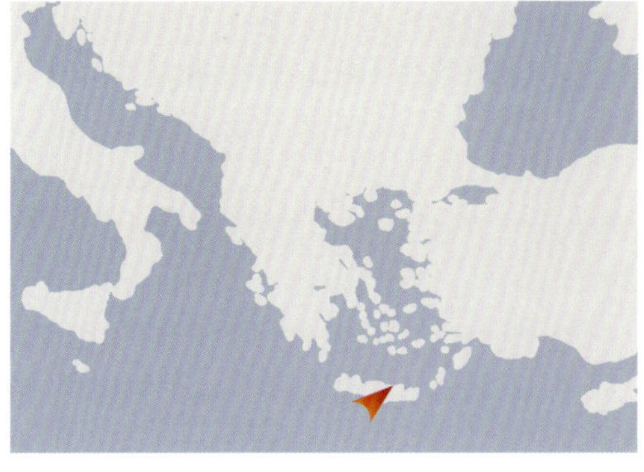

第84页上图和下图　在克诺索斯宫殿的南侧区域有一座引人注目的山门，它是进入宫殿建筑群的入口走廊。带有门廊的巨大入口处标有东、南、西、北四个方位基点，朝南的入口经由侧面的一组阶梯通往宫殿中较为高贵的楼层。在阿瑟·埃文斯完成的重建工程中，他用加强型的水泥柱替换了唯一的一根木质支柱，被换下来的那根柱子如今依然能看到。

第85页图　经过鉴定，克诺索斯宫殿的建造年代可以追溯到公元前1900年，但在其建成后两个世纪，它被一场大地震摧毁了。此后，第二次建起的宫殿又在毁灭性的锡拉岛火山大喷发中垮塌，时间大约发生在公元前1550年。除了著名的弥诺斯国王的宫殿以外，遗址中还有祭司居住的房屋以及民居。

年，在她的帮助下（阿里阿德涅想出一条妙计，她给了忒修斯一个神奇的线团，使他能够通过这个线团找到迷宫的出口），忒修斯成功地进入迷宫并杀死了弥诺陶洛斯，解救出了即将受害的少男少女。

有些人会参考这些神话故事来如此解读克里特国王表演的与动物搏斗的仪式：用这种斗争的形式来象征王权成功征服自然界。另一方面，故事中弥诺斯国王强迫雅典进贡活人牺牲品也令人联想起克里特人统治地中海地区的那段历史时期。通过克诺索斯宫殿的建筑结构，证明克里特国王拥有绝对的安全感，他不惧怕任何来自海上的攻击或入侵。危险只可能来自内部：或许就来自那传说中的地下密室，不论虚构还是真实，人们相信那里面关押着的就是那个可怕的怪兽弥诺陶洛斯。

第86~87页图　在克诺索斯宫殿的高贵楼层中有一间壁画室，在里面发现了许多杰出的作品。壁画的图案显示受到了古埃及文明的影响，这要归因于古埃及文明与克里特文明的密切往来。但与古埃及艺术作品不同的是，克诺索斯的壁画对那些具有神圣性的动物，例如蛇和公牛，都表现出了敬意。

第87页上图和下图　克诺索斯宫殿中保存最完好的部分之一是王宫正殿，殿内北侧的墙壁下有一个汉白玉的座位，它被认为是国王的宝座，正殿也由此得名。在正殿的另外三面墙下都设有灰泥砌成的长凳；王座前方是一个水槽，它在净化仪式中用作圣水池。这显示了当时存在着政教合一的王权。

第88～89页图 雄伟的胡夫金字塔，它的四个斜面正对着东、南、西、北四个方向，其误差只有圆周360度中的2分，若换算成时间单位，相当于其误差小于1秒钟的1%。根据官方的历史记载，当时的古埃及人还不懂得使用车轮和铁，并且只掌握基础的算术知识，对他们来说，金字塔的建成实在是一个令人难以置信的伟大成果。

第89页图 胡夫法老也常被人们称作“基奥普斯”，这个名字的广泛流传源自古希腊历史学家希罗多德。他在游历埃及后，便将大金字塔传说中的建造者记载为“基奥普斯”。胡夫法老的全名是“阿赫特·胡夫”，字面意思译为“地平线是胡夫”，象征胡夫是太阳神的化身。他是埃及第四王朝第一位法老斯涅夫鲁之子。在希罗多德的记载中，胡夫法老是一位滥用权力的暴君。他的遗体至今未被发现。

胡夫金字塔

（北纬29°58＇45＂ 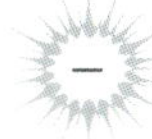 东经31°8＇4＂）

“人类惧怕时间，时间惧怕金字塔。”
古老的阿拉伯谚语如是说

胡夫金字塔（也称基奥普斯金字塔）是世界上最著名、参观游客最多的历史遗迹。它也是“世界古代七大奇迹”中唯一一个成功穿越了数个世纪的时间，得以在我们这个时代完好留存下来的伟大奇迹。胡夫金字塔位于开罗这座现代大都市的郊区，矗立在吉萨高原之上，在它的旁边是神秘的狮身人面像，其附近还有另外两座体积相对较小的金字塔（因此胡夫金字塔也被称作“埃及大金字塔”）：它们分别是哈夫拉法老和孟卡拉法老的金字塔。埃及官方的考古学研究已经确认，这座大金字塔是埃及第四王朝胡夫法老的陵墓。但人们仍有各种不同版本的想象并提出了其他的假说。这座建造于埃及第四王朝时期的金字塔，不仅对于那个落后的远古时代而言，展示出了一种超高的技术水平，更重要的是，它对于那些在它之后修建的金字塔来说，也是一座无法超越的丰碑。这个事实引发了众多的争论以及莫衷一是的猜测和怀疑。它与埃及其他金字塔之间的关系，就好比在短短几年时间里，技术的发展本已从使用印刷机过渡到了使用笔记本电脑的时代，可之后，却又退回到了印刷机和活字印刷术的时代：进化和退化，是很难解释的。据推测，胡夫金字塔的修建花费了约30年，有超过10万人参与了这项浩大的工程，他们堆砌起了250万块巨大的石料。古埃及人到底使用了什么手段？第四王朝时期的法老们利用了什么人来修建起这些宏伟的金字塔？胡夫金字塔的原始高度超过145米，但由于年久风化，顶端剥落，现高为139米，其每一个斜面的底部宽度均为230米。同时，这座遗迹的建筑比例也展示出了一种令人难以置信的精度水平。胡夫金字塔每一层的石块，都比下一层的石块略小一些，各个部分间的长度仅相差0.1%，而且，它的四个斜面分别正对着东、南、西、北四个方向。

即便是胡夫金字塔的建造位置，似乎也不是随机选择的：它是在一条特别的经线与一条特别的纬线之间的交会点处建立起来的，而这两条相互交叉的经纬线具有一个共同的特性：它们是所有经纬线中覆盖了最大陆地面积的一条。这说明，胡夫金字塔的重心正好位于地球的引力中心，至少从各大陆块的角度来看是这样的。曾有人做过计算，若将胡夫金字塔的自重（5273百万吨）乘以10的15次方，其结果相当于地球的自重。还有人计算出，它的体积尺寸与数学中的圆周率π有关。但是，这些都是在胡夫金字塔建成数个世纪以后才被发现的。

围绕胡夫金字塔的疑问和难解之谜不仅在于是谁建造了它，还在于这些神秘的建造者们到底使用了什么样的技术手段。关于这座金字塔到底是否真是古代埃及法老的陵墓，这个疑问早已被提了出来，因为在其内部从未发现过任何法老的遗体。然而，它是不是还存在着某种可操作的功能？它与天上的星辰之间又存在何种联系？它的秘密是否仍隐藏在其内部？

在胡夫金字塔遗址的内部只有两个房间：其中一间是空的，并且未经装饰，而另外一间被称为“国王室”，里面摆放着一座石棺和一块碑文，正是这块碑文使考古学家们相信这座金字塔是属于胡夫法老的。但那本应用来安葬法老的石棺却空空如也。不仅如此，该石棺是由一整块花岗岩加工而成的，但它的尺寸却比进入这个房间的通道入口要大。并且，这座石棺的外部容积正好是其内部容积的两倍：

第90页左图　目前尚不清楚胡夫金字塔中的管道是否是用来通往“国王室”和“王后室”的通道。因为它们的尺寸以及墙上不同寻常的结构——由双排石块构成，实际上都表明它们是注定要被填充和密封起来的。

第90页右图　在“国王室”中，安置着一座没有棺盖的花岗岩石棺，它可能是属于胡夫法老的。“国王室”宽10米，长5米，高近6米；也包含两个功能尚不清楚的管道。有些人认为它们是通风管道；而另一些人则相信它们是两个“窗户”，指向着天空中两个精确的点，其中一个指向的是猎户星座，另一个指向的是北斗星。

第90～91页图　胡夫金字塔内部宏大的走廊长46米，底部约宽2米，但随着它在金字塔内部的上升，其宽度越来越窄，以至到了最高处，它仅有不足1米宽。这条走廊的功能可能是被用作脚手架，直到金字塔内部的建造工作完成。

对于那些5000年前可用的简陋工具来说，达到这样的精确度实非易事。

考古学家弗林德斯·皮特里坚持认为，这样的石棺只能通过一种由青铜和钻石所制的圆锯才能加工出来。工程师克里斯托弗·邓恩是一位花岗岩加工专家，他认为即便是在当今的技术条件下，如果想在不破坏一个石块的情况下加工出这样一座石棺，除非采用比一般市面上销售的电钻快500倍的专业电钻才能实现。那么，莫非古埃及人拥有某种不可思议的加工工具？但这些工具却在历史的长河中没有留下任何痕迹。

此外，人们还发现金字塔和天上的星宿之间存在着联系。有些人认为，埃及吉萨高原上的这三座金字塔是复制了猎户星座三颗腰星的排列位置建造的，它们各自完全对应，这绝非偶然。一种奇异却迷人的假说还进一步提出：狮身人面像所在的位置对应的是天空中的狮子座，它与三座金字塔共同构成了一幅完整的星际图。如果该假说最终被证明成立，那么这将把整个考古学领域的发展向前追溯到公元前10500年。在胡夫金字塔最辉煌壮丽的时期，那时它完全被采自图拉的巨型白色石灰岩石块所覆盖，它反射的光芒能够照亮很远的距离。这座伟大的奇迹甚至从月球上也能看得到，这也可以算作胡夫金字塔所蕴含的众多高深莫测的神秘中的一条吧。

狮身人面像

（北纬29°58＇31＂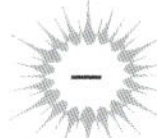东经31°8＇16＂）

一座人头狮身的雕像，在守护着埃及最古老的秘密

神秘而巨大的狮身人面像（也被称作“斯芬克斯”）是埃及的象征之一。这座不可思议的雕像就位于胡夫金字塔的前方，它的面孔演绎的到底是哈夫拉法老还是孟卡拉法老，这个问题至今仍存在争议。狮身人面像长73米，宽6米，高20米，设置在一个宽而深的基坑底部。它是世界上体积最大的雕像，外形非常雄伟壮丽，数个世纪以来，源源不断地吸引着世界各地的游客、探险家和考古学家们。虽然，历史上狮身人面像曾多次被沙漠掩埋，但每次它都得以重见天日。根据埃及官方的考古学研究，认为雕像的面孔与哈夫拉法老相似，而且，它的外形应该是在公元前2500年左右从环绕着它的一块巨石中雕刻而成的。但是，构成雕像的巨大石块究竟是如何被运输并切割加工而成的？对于这一问题，至今仍未出现令人满意的解释。与此同时，有些人却支持不同的观点：他们认为狮身人面像真实的建成时间可以追溯到一个更为古老的时期，应该是公元前10500年。

上述假说的提出其实与星象运动密切相关。狮身人面像被雕刻在巨型的石灰岩上，它完美地正对着东方，它的脸面向着每年春分和秋分那一天太阳从地平线上升起的地方。而在公元前10500年，当时的狮子座正是位于埃及地平线的上空。因此，有人相信狮身人面像就建成于这一时期，因为那时它正好可以“看着它自己”（它的狮子身体）被反映在苍穹中。就像吉萨的三座金字塔与猎户座腰带上那三颗闪耀的腰星之间所存在的惊人对应关系一样。

然而，如此奇特的假说能否找到强有力的证据作支撑？狮身人面像是否真有可能比埃及古物学家们推断的年代还要早数千年出现？通常，狮身人面像被认为建成于公元前2500年，那时埃及正值哈夫拉法老统治时期，其生产力和技术水平已相对较为发达。若考虑这个因素，似乎狮身人面像建成于公元前10500年的假说是无法成立的。因为那个远古时代的古埃及人恐怕尚不具备相应的技术、社会组织，甚至足够的本领来修建这样一座巨型遗迹。可如果我们认同官方鉴定的年代，那么我们就必须相信：在狮身人面像和它周围的岩壁上所发现的那些明显的侵蚀迹象，都仅仅是风力的作用，也许还有少数是由于尼罗河曾暴发的几次特大洪水所造成的。但这其实又与很多研究结果不符：研究人员们认为，这种侵蚀的迹象应该是由于强烈而持久的降雨所致。若是这样，那么狮身人面像的建造时间应该发生在该片地区变成沙漠之前。根据相关记载，非洲北部最后出现湿润多雨季节的历史，要追溯到公元前13000年到公元前10000年。这就又使狮身人面像的建成时间为公元前10500年这一假说的成立变成了可能。

此外，狮身人面像还隐藏着另一个谜题无法解开：它的面容刻画的真是哈夫拉法老吗？或者，它不过是哈夫拉法老在先人早已建好的雕像头部做了修整？同时，制成狮身人面像头部的岩石似乎确实与它身体其他部分所使用的岩石不同，

第92页图　埃及官方已经正式将狮身人面像的面孔确认为哈夫拉法老，他是埃及第四王朝的第四位法老。在编年史的记载中，他被描述成一位残酷的暴君并痴迷于扩张领土，特别是针对目前巴勒斯坦所在的这片地区。

第92~93页图　对于官方发布的狮身人面像的简介，激起了人们无数的怀疑和争论：实际上，并非所有人都认同狮身人面像的面孔表现的是哈夫拉法老。根据纽约警察局的面部复原技术专家弗兰克·多明戈警探所称，狮身人面像的脸和另外一座哈夫拉法老雕像的脸表现的并不是同一个人。

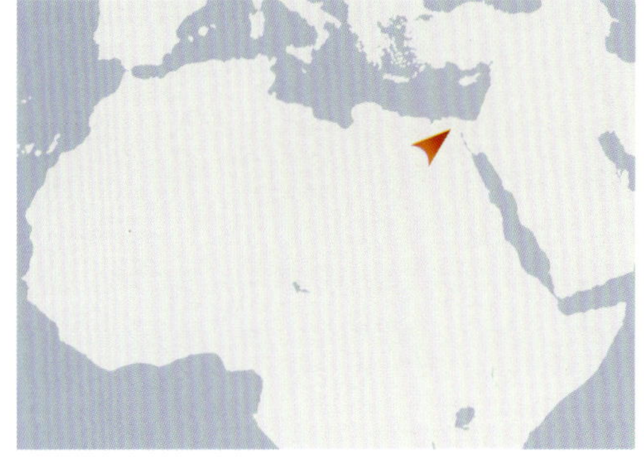

第94页图和第96～97页图　位于吉萨高原的狮身人面像是世界上体积最大的雕像遗址：它的长度超过70米，高度超过20米，宽度为6米；其壮观的头部高度为4米。然而，有人指出它的身形比例是不相称的：为什么狮身人面像的头部与身体的其他部分相比显得小呢？因此有人提出假说，认为哈夫拉法老只是在古老的原始雕像上做了修整，把他自己的形象雕刻在了上面。

它的头部和身体是不相称的。众所周知，古埃及人对结构对称和比例均衡是极为痴迷的。那么，他们却突然不再将这种特性运用到这座如此重要的遗迹上了，这可能吗?

埃及古物学家们之所以将狮身人面像的建造归功于哈夫拉法老，是因为他们认为狮身人面像的面孔与一座由黑色闪长岩制成的著名的哈夫拉法老的雕像非常相似。但是这一理论在20世纪90年代已被一位美国纽约的法医学专家弗兰克·多明戈予以了反驳。他已将这两座雕像表现的是同一张面孔的可能性排除了。随着面部复原技术的产生及相关的分析表明，两座雕像的面孔甚至不属于同一个种族。

在另一个传说中，据说在狮身人面像的下方存在一个秘密的地下洞室，里面保存着非常古老的资料档案。预言家埃德加·凯西曾预言，这些资料相当于传奇的亚特兰蒂斯文明的“文献馆”。而在神话传说中，亚特兰蒂斯正是消失于11000年前。

数千年来，尽管已有无数的研究学者和神秘爱好者来此试图一探究竟，但狮身人面像的秘密至今依然未被揭开。真相可能就隐藏在它的脸上，而这张脸却始终是“谜”的同义词。

第94～95页图 “记梦碑”是法老图特摩斯四世竖立在狮身人面像的两只狮爪之间的。碑上记载了当时这位年轻的未来法老做的一个梦，那时他就在立碑的位置睡着了：在梦中，狮身人面像请求他把自己从沙子的掩埋中解救出来，并预言他将登上法老的王位。令人好奇的一点是：这座石碑上雕刻的是两只互为镜像的狮身人面像。因此有人相信，吉萨的沙漠之下可能还埋藏着另一座狮身人面像。

埃塞俄比亚

阿克苏姆

（北纬14°7′ 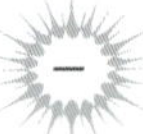 东经38°44′）

巨大的擎天石柱耸立在埃塞俄比亚的宗教圣地上，据说这里守护着传说中的约柜

埃塞俄比亚地处非洲之角，这里是遍布熔岩和盐碱地的炎热沙漠，也是一些高贵的民族和珍稀动物的家园。历史上，曾有一些最不可思议的伟大王国发源于这片红土地上；也有一些非常富有的王国在这里消失得无影无踪；其中，以阿克苏姆王朝为代表的人类文明在它那古老的都城遗址上留下了一系列神秘的痕迹。

最早提及阿克苏姆这个传奇王国的是一部被称为“厄立特里亚航海记”的古代典籍。在这部航海日志的描述中，阿克苏姆王朝的统治者佐思卡勒斯国王是一位有修养的独裁者，他拥有很高的文学造诣，同时极具扩张领土的野心。阿克苏姆文明的发达程度很高，其工匠铸造的金币价值不菲，金币上分别雕刻着20多位君王的画像。这些稀有的珍贵钱币充分展示出了这个古老的非洲王国的历史和魅力。根据最近的考古研究显示，阿克苏姆文明至少可以回溯到公元前4世纪，但是它的起源还未能确定。更令人迷惑不解的是，人们发现古代阿克苏姆的官方语言吉兹语，直到1974年还在埃塞俄比亚王室的一些文件中被使用。时至今日，它依然是埃塞俄比亚的东正教教会的礼拜用语。这是一种非常古老的语言，它的历史可以追溯到公元前2000年。

然而，令阿克苏姆文明真正与众不同、引人注目的特征是这里特有的一种用整块花岗岩制成的纪念碑式的石柱。如今，在阿克苏姆还能看到好几十座这种石柱，它们有些已经损坏倒在了地上，还有一些依然耸立着，其高度有将近30米。这些石柱的重要性还不得而知。在那些依然竖立着的石柱中，有一座被称作“伊扎纳王的石柱”，它高24米，与之成对的另一座石柱于2008年从意大利回到了埃塞俄比亚，现在这两座石柱并肩而立。所有石柱中最大的那一座的高度超过33米，如今已经倒塌，在传说中，这座石柱的倒塌标志着阿克苏姆王朝的终结。它现在所躺的位置据说就是当年上帝将其放倒的地方。阿克苏姆所有的石柱全部都是一种式样，它们的装饰图案似乎代表的是门和窗，并辅以大量纹饰样的把手；这些装饰图案无一例外都以内凹的形式雕刻，仿佛曾被用来放置图版或是珍贵的画像，然而人们从未在此发现过这样的物品。

这些石柱的用途令人疑惑不解，如果说它们是墓碑，奇怪的是在它们附近却没有墓葬。其实它们的样式似乎更接近住宅的风格，而不是纪念碑。更神秘的是，石柱上似乎曾经存在的金属饰板为何现在无处觅迹了呢?

根据较准确的计算，制成那根最大的石柱所使用的整块花岗岩的重量可达520吨。这令现代的建筑师和考古学家们困惑不已，我们至今仍不知道当时的古人是如何将这么重的物体从4公里外的采石场搬运过来

第98页图　阿克苏姆的巨大石柱是由整块花岗岩制成的。其中最著名的一座是“伊扎纳王的石柱”，它高24米。

第99页图　与“伊扎纳王的石柱”一样，每座石柱的顶端都被设计成了一种半圆形的几何形状，它代表着天堂。根据学者的研究显示，在石柱顶部的正面，曾经应固定有雕刻着太阳和新月图形的金属饰板。

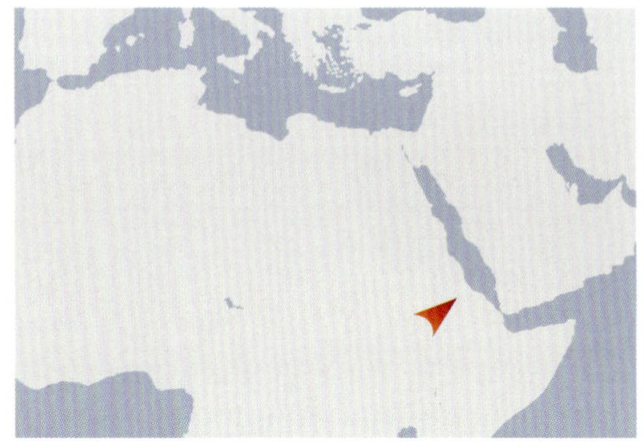

第100页图　1935年，在埃塞俄比亚与意大利交战期间，意大利军队将这座石柱搬运到了罗马。战后，意大利决定归还石柱，但是由于高昂的运输费用，归还的工作一再被推迟。最后，石柱终于在2005年回到了故土。

的，并且，他们又是如何将这些石柱竖立起来的呢?

然而，这些石柱并非阿克苏姆文明仅有的神秘之处。一些旅行家曾经证实，由于这一地区分布着大量的古墓和洞穴，他们在此能感觉到脚下传来大地产生的共振。在某些传说中，宣称这里的地下洞穴（大部分都还未被开发出来）构成了一个密集的网络，其中隐藏着一条秘密通道，可一直通向阿拉伯半岛。

另一个未解之谜是，究竟是什么造成了阿克苏姆文明的衰败，是何种原因使这个民族在建立了高度发达的文明和雄伟壮丽的城市之后，却被彻底湮没在了历史的洪流之中。

当地的修道士们虔诚地信奉着一个传说，该传说在一些历史典籍中也有所记载。相传，一位名为朱蒂斯的女王率领军队在一夜间纵火烧毁了整座阿克苏姆城。这位女王大概是异教徒或是希伯来血统，她杀死了阿克苏姆最后一位君主，并下令推倒了大量的石柱。唯一能够确认的是，最后一座留存下来的石柱如今就保存在专门纪念这位朱蒂斯女王的公园内，它也是所有石柱中最小的一座，其表面没有纹刻。至此，关于阿克苏姆这个伟大而又神秘的文明那最后一丝难以捉摸的痕迹，也流逝在了时间的沙漏中。

现在的阿克苏姆是一个伟大的朝圣地，它被视作埃塞俄比亚最神圣的城市。埃塞俄比亚的东正教教会声称阿克苏姆的锡安圣玛利教堂中保存着传说中的约柜——那个存放有摩西十诫的具有超自然力量的神龛。非常遗憾的是，没有任何外人能看到或触摸到约柜，除了该教会推选出的唯一一位教堂的守护人，他要立誓用自己生命中的每时每刻来保护这个圣物。

关于约柜的传说不过是高深莫测的阿克苏姆所蕴藏的成百上千个未解之谜中的一个而已。

第100~101页和第101页图　根据传说，这座最大的石柱的倒塌是与阿克苏姆王国的终结同时发生的。这座巨大的历史遗迹断成四块躺倒在地的景象，不禁令人感到悲哀和没落。在它那长33米的柱身上，呈现出一座13层房屋的外观图案。这座石柱是由拉姆艾皇帝下令建造的，有传言说它是在建成典礼时由于底座不稳而倒塌的。在另一个版本的传说中，是朱蒂斯女王下令推倒了这座石柱。

第102～103页图和第102页下图　在距离石柱公园2公里远的一座小山丘上，有一座建于6世纪的陵墓，传说中这里埋葬着国王凯勒布和他的儿子。该陵墓是一座双人墓，其中第二个墓穴更精致一些。最令人称奇的是，建造陵墓的石料是通过精确到不可思议的组合方式搭砌在一起的。其墓穴的设计别具特色，包括一间巨大的门厅和五间墓室。通过一扇厚重却不失精美的大门进入其中一间墓室，里面陈列着三座石棺，其中一座上装饰着十字架。沿着一段长长的台阶可以通向凯勒布国王的墓穴，那里所用的石料规格更大、质地更硬。据传说，如果你足够幸运，在经过生长在陵墓墙缝中的湿草叶时，若将草叶卷起来，也许会发现一粒珍珠。在当地的传说中，据说这里有一扇秘门，门后隐藏着珍贵的宝藏。

埃塞俄比亚

拉利贝拉

（北纬12°2′ 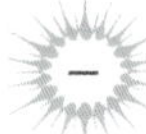 东经39°2′）

从岩石中凿出的壮丽教堂，相传约柜曾在几个世纪前经过这个地方

埃塞俄比亚是一片神奇的土地，这里遍布着成百上千个未解之谜和传奇故事。在海拔2600米的地方坐落着一座历史古城——拉利贝拉，它被誉为“非洲的佩特拉”。拉利贝拉是继阿克苏姆之后最具宗教意义的城市，使它闻名于世的是那些令人难以置信的开凿在山壁上的教堂，它们有些甚至深入地下。在拉利贝拉古城遗址中共有10座教堂和1座小监狱，没人知道这些建筑是在什么时间、使用何种方式建成的。拉利贝拉的落成大约可以追溯到12世纪，但是此地有人类活动出现的时间应该更早。所有教堂的建造均未使用任何砖石材料，也没有任何的木质结构，它们全部都是在凝灰岩的岩石上开凿和打造而成的。使这些教堂更显神秘的是，这一地区没有其他建筑是与它们在同时期建造的。

传说中，这个宗教圣地是拉利贝拉国王根据他得到的神旨下令建造的。部分学者估计，若要在岩石上开凿、打造出这整个建筑群，需要使用4万名工人；然而，这个数字却无法与那个历史时期下该地区的实际人口数相吻合。在另外一个版本的传说中，这些基督教教堂是由十字军骑士团在埃塞俄比亚避难时督建的。

拉利贝拉的教堂主要分布在两片区域，只有乔尔吉斯教堂例外。最重要的一片教堂群位于拉利贝拉古城的西北部，包括米德恩·阿勒姆教堂，意为“救世主的教堂”，它被认为是世界上从岩石中凿成的最大的单体教堂。在它的内部，有几座岩石雕成的壁龛，经鉴定，这些是圣人亚伯拉罕、以撒和雅各的古墓；该教堂中还保存着拉利贝拉最珍贵的宝物——一只含有7公斤重的黄金制成的巨型十字架。此外，这里还有玛丽安教堂，意为“圣玛丽亚的教堂”，它要通过石墙上的一个小拱门才能进入。该教堂的设计非常精巧，其内部分为两层，有很多描绘基督教象征物的壁画。其中一幅壁画十分奇特，画中是一只双头怪兽在对抗一黑一白两头公牛。在玛丽安教堂深处有一根方形基座的圆柱，上面覆盖着帏帘和厚厚的织物，据说在这根柱子的下方刻有铭文，但除了一位被特别指定的神父外，其他人都看不到。据当地的导游介绍，这篇神圣的铭文隐藏着约柜的真相。在位于西北区的另外两座教堂中——米斯科尔教堂和丹纳格尔教堂，珍藏着古老而神秘的手稿，这些手稿是用兽皮和树皮装订的。尽管如此，格尔格塔教堂才是埃塞俄比亚最神圣的教堂：该教堂规定女性不得入内，它墙上的壁画描绘的是全副武装的十字军战士的画像。

拉利贝拉教堂的牧师们在修行的同时也守护着这一系列宗教遗迹，更重要的是，他们所守护着的也是这个世界上公认的圣洁的小角落。

第104页图　拉利贝拉国王的在位时间为1181年至1221年，他被埃塞俄比亚教会视为圣人。正是他下令建造了这片辉煌壮丽的教堂建筑群，这座古城后来便以他的名字命名。

第104～105页图　玛丽安教堂或许是拉利贝拉众多教堂中建成时间最早的一座。在传说中，该教堂中有一根柱子曾经被圣母马利亚本人触摸过，且《圣经》中的“十诫”就刻在这根柱子上。

图例

1）米斯科尔教堂
2）米迦勒教堂
3）格尔格塔教堂
4）玛丽安教堂
5）吉尔教堂
6）米德恩·阿勒姆教堂
7）乔尔吉斯教堂
8）大十字架
9）加百列-拉斐尔教堂
10）阿巴·利巴诺斯教堂
11）米尔科略斯教堂
12）阿曼努尔教堂

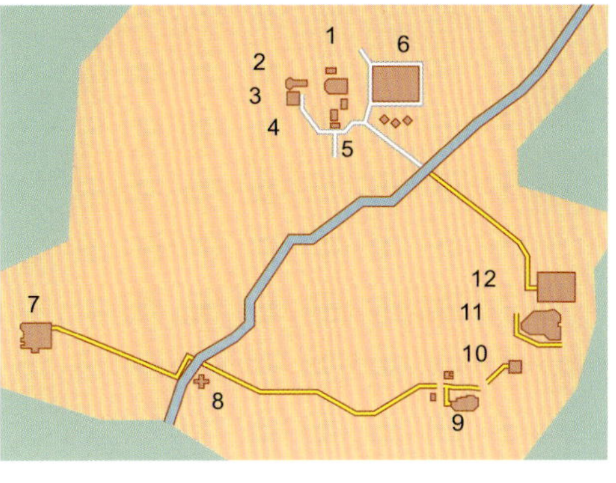

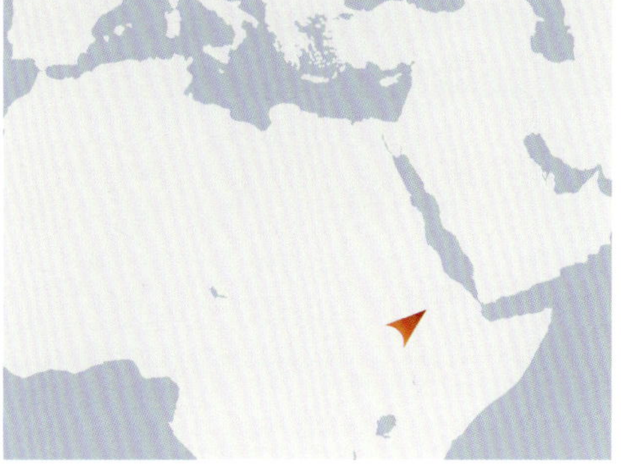

第106～107页图　米德恩·阿勒姆教堂是拉利贝拉众多教堂中最壮观的一座：整座教堂全部是用巨大的整块岩石打造而成的。

第107页图　格尔格塔教堂也是用整块巨石凿成的，其底座为长方形。

另外一片教堂群地处拉利贝拉古城的东南部。但这片区域的教堂损毁较为严重，已很难进入。而那座小监狱以及里面残存的镣铐和枷锁，令人不禁生出疑问：什么人会被关押在这样一座专门为了敬神而修建的城市中？

然而，拉利贝拉古城中最令人称奇的教堂无疑是专门供奉着圣乔治的乔尔吉斯教堂。它是从山体岩石上向下挖掘15米深建成的，该教堂的形状呈十字形，纵深达三层。如今，这里还住着一些神秘的隐士，他们半裸着身体，生活在神圣的壁龛中，身边伴随的是在此存放了数个世纪之久的骷髅骨架。在乔尔吉斯教堂中，还保存着一只古董箱子和几个封存的盒子，它们从未在外人面前打开过，因而没人知道里面装有什么。其岩石上还有一些被认为是圣乔治的坐骑留下的蹄印，这似乎表明这位圣人的秘密依然完好如初地隐藏在地下深处。

第108～109页图　在加百列-拉斐尔教堂中供奉着大天使加百列和拉斐尔，它由于特有的入口设计而出名，进入这座教堂的方式被称为“通往天堂的阶梯”。

第110～111页图和第111页上图　供奉着圣乔治的乔尔吉斯教堂是唯一一座游离在两片教堂群之外的宗教性建筑。它的外形独特，其截面呈正十字形（四臂相等的十字形），就好像是用挖凿的方法从岩石中分离出来的一样。乔尔吉斯教堂高12米，整座建筑都是在地面以下开发出来的。人们对留在它岩石上的一些印迹心怀崇敬：相传这些印迹是圣乔治的坐骑留下的，当时他正是在这里向拉利贝拉国王展现法力的。

第111页下图　埃塞俄比亚的主显节（Timkat）在每年1月19日开始。在主显节期间，一个名为“塔波特”（Tabot）的约柜仿制品会被运送到乔尔吉斯教堂。这是拉利贝拉最重要的庆祝活动之一：埃塞俄比亚全国都会庆祝这一节日，忠实的教徒会挤满拉利贝拉古城。

肯尼亚

格迪废墟

（南纬3°19′ – 东经39°59′）

一座被遗忘在肯尼亚森林中的城市，似乎蕴含着古老的诅咒和令人着迷的历史

肯尼亚的马林迪地区拥有非洲东部梦幻般的海岸线，如今，这里已成为非洲的度假“天堂”之一，即使是那些最挑剔的游客也会爱上它。然而，在距离海岸边那些别致的民居仅数公里远的地方，坐落着一座失落的村庄，它被称作“格迪废墟”，它那神秘的历史尚不为人知。在奥罗莫语中（奥罗莫语是一种在非洲东部通行的语言，使用该语言的国家及地区包括埃塞俄比亚、苏丹、肯尼亚、索马里和埃及），“格迪”的意思是“珍贵的”。格迪废墟地处阿拉布库·苏库科国家森林公园的中心，面积超过20万平方米。这里对世人来说仍是一个难解的谜团：没有人知道这个村庄最初的历史是怎样的；居住在这里的是什么人；是何种原因导致他们突然遗弃了这座村庄。在那里，没有发现战争或瘟疫的迹象；相反，这些废墟看起来就像当时的居民是从这里突然逃走的一样。当地人似乎也在逃避这些令人费解的遗迹，或许是因为他们对这个古老而神秘的地方曾经发生的事情心存畏惧。

对于这个失落在森林中的村庄而言，解开其谜团的最大难点在于无法找到任何能证明它曾经存在的史料记载：它在斯瓦希里语的文献中没有记载；来到此地的葡萄牙人就在距它几公里外的地方定居，却也对它一无所知；在阿拉伯的图书馆中也找不到能破解它神秘过去的一丝线索。格迪废墟似乎通过某种严加保守的秘密在历史上消失了几个世纪。

在1948年至1958年的十年间，对格迪废墟进行的考古发掘工作获得了令人惊奇的成果。考古学家们在这里发现了意想不到的珍贵文物：包括一只中国明代的瓷器花瓶、来自意大利威尼斯的珍贵铁艺玻璃制品、一盏产自印度的铁灯、西班牙的剪刀和远东地区的钱币。从2000年起，这些物品全部由格迪建筑群中的一座小博物馆保存并展出。通过这些物品，似乎可以串联起一个关于此地的故事：曾几何时，来自世界各地的商人和旅行者都会云集于此，那时，它曾是一个富饶而充满活力的地方，是阿拉伯统治时期东部非洲一座至关重要的中心城镇。据考古学家估计，格迪的繁荣发展时期在14世纪到18世纪，当时这里至少居住有2500人。

学者们提出了一种最简单的假设：在北方的部落向南方迁徙的过程中，阿拉布库·苏库科大森林成为他们征服的目的地，因此，这里的原住民被野蛮地赶出了自己的家园。然而，在另一个版本的推测中，格迪被认为曾是蒙巴萨城所发动的报复性远征的不幸目标。

但是，这些假设只是为废墟四周沉寂了数个世纪的谜团增添了更多的神秘色彩：一个曾经如此富饶的商业贸易中心、一个世界各地实力雄厚的大商贾们都汇聚于此的高度发达的城市，它怎么可能没有在任何旅行日志中留下丝毫的书面记载呢？我们只能由此想象，古代那些冒险进入格迪村庄的人们都需要遵守某种保持缄默的契约。此外，格迪地处密林深处，距离海岸较远，并不具备成为商贸中心的理想条件。那么，围绕着格迪更深层次的谜题是：令这里的居民进行如此秘密交易的，究竟是什么货

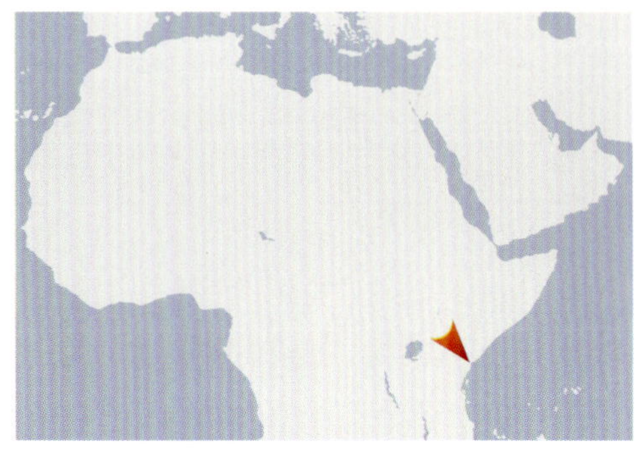

第113页图　“苏丹的宫殿”的入口，它是斯瓦希里建筑风格的经典范例之一。格迪是一座完全由石头建造的小城镇，曾经有数千名斯瓦希里人居住在这里，它被一位神秘而富有的苏丹所统治。格迪废墟的修建年代可以追溯到15世纪，现在它已对游人开放。

物？他们的客户到底是谁？

直到今天，格迪村庄所残留的壮丽宫殿、高大的石屋和大清真寺的遗迹都代表着中世纪斯瓦希里建筑风格的最高水准，令人钦佩不已。然而，在这里还发现了一些设计复杂且精细的厕所，它们所呈现出的独特之处更加令人好奇：这些建筑所使用的主要材料是来自附近海域的珊瑚礁。在格迪的设计规划中，包含直角交叉的道路，以及一个先进的街道排水沟网络。在传说中，格迪废墟被当地的祭司们的灵魂所护佑着。这些灵魂被称作“老人们”，据说，任何试图亵渎这里的人，都将受到他们的诅咒。

第114～115页图　包括高大的猴面包树在内，各种树木的树根在不断吞噬着格迪废墟，正是它们将这座小城古老的秘密隐藏了几个世纪。图中的大门通往一座拥有三条走廊的清真寺，该寺庙的建造年代为11世纪，是这一地区修建时间最早的建筑。

第115页图　从图中你可以看到这座考古遗址的平面图，还有导游正在带领游客参观格迪废墟的永恒之谜。格迪古城的面积达20万平方米，其设计规划包含直角交叉的道路和一个令人难以置信的高效的排水沟渠系统。

大津巴布韦

（南纬20°16＇23＂ 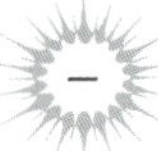 东经30°56＇3＂）

非洲仅次于埃及金字塔的第二大历史遗迹，一个国家的骄傲，
遥远未知的过去留下的踪迹

在非洲大陆上，无论规模还是重要性，大津巴布韦都是仅次于埃及金字塔的伟大历史遗迹。同金字塔一样，大津巴布韦也已成为非洲这片曾经被法老统治的大地上的标志物。相应地，这处辉煌壮丽的考古遗址也成为津巴布韦共和国的代表符号，该国家的得名正是来自这座令人称奇的石头古城，千百年来，它一直俯瞰着一望无垠的哈拉雷高原。在大津巴布韦的考古发掘中，最有名的发现之一是一只非洲短尾雕造型的石鸟，有人将这种鸟视作津巴布韦国家的象征。

大津巴布韦的整个遗址上都遍布着神秘：它曾是一个王国的都城，面积超过7平方公里，由15000吨石料建造而成，修建有一系列宏伟的建筑和壮观的城墙。那么，大津巴布韦为何被废弃了呢？

据权威的考古学年代测定显示，这一地区的人类活动开始于公元前4世纪，但是，考古学家们认为，是在此后1000年，这座宏伟的城市才开始兴建，直到13世纪末期方才建成。根据其遗址的壮观程度，当时的大津巴布韦必定是一个能容纳超过2万名居民的真正的大型都城，这里曾经人流熙攘，来自阿拉伯、印度和葡萄牙的商人们频繁往来于此，发达的商贸交易使这里十分富饶。大津巴布韦是由非洲东南部传奇的班图族君主建立的，它是莫诺莫塔帕帝国疆域上一颗跳动的心脏。

然而，在几个世纪以前，大津巴布韦却令人费解地被废弃了，之后几百年的时间里都被世人所遗忘，直到1867年才被探险家亚当·伦德斯偶然发现。在1871年，德国地质学家卡尔·毛奇对大津巴布韦进行了首次勘测，但他却得出了一个错误的结论，他把大津巴布韦当成了“所罗门神殿的仿制品和示巴女王宫殿的翻版”。一直到了20世纪初期，通过摈弃了种族主义偏见的科学研究才发现这个辉煌壮丽的建筑群其实是古代非洲人民的建筑成就，它的建造者可能是修纳人（津巴布韦黑人族裔中最主要的一支），然而，附近的文达族和伦巴族也都声称是自己的先祖建造了大津巴布韦。无独有偶，伦巴族中的一个部落就将他们自己称为“Tovakare Muzimbabwe”，即“建造了津巴布韦的人”。津巴布韦这个名字本身的起源，可能是来自词组“dzimba woye”的缩写，它的意思是“受崇拜的房子”。在大津巴布韦那雄伟壮观的城墙的环绕中，许多石头建造的房屋如今依然矗立在城中两个最大的纪念碑塔的周围（那些泥土建成的房屋已经消失不见了），夹在高耸的石头城墙中形成狭窄的走廊。在城中的最高处（海拔超过2500米），坐落着大津巴布韦的卫城和锥形塔，它的卫城是撒哈拉以南的非洲地区最大的史前建筑，而锥形塔是一座高逾9米、宽逾5米的建筑杰作，这里可能曾是古代国王的住所。是什么人设计并建造了这些建筑？在建造了这座魅力无穷的不朽石城之后，又是什么原因迫使这里的居民遗弃了它，令它在长达400年的时间中都被孤独地留在了历史的尘埃中？直到今天，这些问题的答案似乎依然埋藏在大津巴布韦那些令人难以置信的遗址当中。

第116～117页图　或许，津巴布韦最知名的自然奇观是维多利亚大瀑布，但是对这个国家的人民而言，真正让他们感到自豪的是大津巴布韦遗址中宏伟的建筑群。一个国家能够用一处历史古迹的名称为自己冠名，这种情况十分罕见。

第117页图　当第一批外来的白人到达津巴布韦时，他们不相信大津巴布韦有可能是由当地的非洲部落所建。事实上，在修纳人的传统建筑中并没有大型的石结构建筑。然而，包括在大圆屋附近进行的发掘在内，一系列的考古学研究已经证实，最合情理的假设就是修纳人建造了大津巴布韦。

第118页上图和第118～119页图　环绕着大津巴布韦的高大围墙有什么用途？为什么城墙要修建得这么高？围墙周边那些令人难以置信的小道的作用是什么？传说中，统治非洲东南部的班图族国王莫诺莫塔帕曾将他那神秘的王国定都于此，他究竟在防范什么敌人？大津巴布韦的围墙高11米、长250米，是撒哈拉沙漠以南规模最大的建筑物。

第118页下图　在高大的围墙之内，锥形塔高逾9米，宽逾5米。据考古学家研究认为，锥形塔可能是古代国王的住所。无论如何，其圆锥体的功能还不为人知。有人认为它是一座巨大的谷仓，还有人想象它是生殖崇拜的象征。

第120～121页图 除了建筑物之外，大津巴布韦最有名的艺术作品是从这座遗址中发掘出的8只石鸟。这些石鸟用滑石（也称皂石）制成，它们的重要性还不得而知。其中一只石鸟与众不同，其造型是一只非洲短尾雕，这种鸟曾被罗得西亚选作其国家的标志，之后，它也成为津巴布韦共和国的标志，出现在津巴布韦的国旗上。

土耳其

诺亚方舟

(北纬39°42'7" 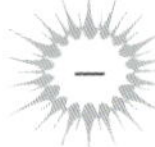 东经44°17'54")

探访亚拉腊山的山顶，为证实最古老的传说寻找证据

亚拉腊山（Mount Ararat）主峰海拔5165米，它是土耳其附近整个库尔德斯坦地区的风景和文化中占据最重要地位的圣山。它的轮廓出现在亚美尼亚共和国国徽的正中央，自古以来，亚拉腊山就是亚美尼亚人的精神象征。但对于世界上其他国家的人们来说，亚拉腊山只是那座《圣经》中描述的山峰。根据《圣经》中的说法，在大洪水过后，诺亚方舟就停泊在亚拉腊山的山顶，诺亚（《圣经》中也写作“挪亚”）正是由此山登岸的。

在某些照片中，如今它们已是著名的相片了，你可以看到一个奇怪的、难以辨别的物体坐落在亚拉腊山山顶的西北部，它被称为“亚拉腊山异物”。很多研究人员都认为，这可能就是传说中诺亚方舟的遗迹。但到目前为止，土耳其政府拒绝了一切科学考察队探访亚拉腊山的顶峰，并将这一区域宣布为军事禁区。

亚拉腊山的神话出自《圣经·创世记》中的一段记载：“神就对挪亚说，‘你和你的全家都要进入方舟，因为在这世代中，我见你在我面前是义人。凡洁净的畜类，你要带七公七母……因为再过七天，我要降雨在地上四十昼夜，把我所造的各种活物都从地上灭除。’挪亚就遵着耶和华所吩咐的行了。”（出自《圣经·创世记 7:1》）。

据《圣经》记载，这场大洪水将整个世界都淹没了，直至把最高的山峰也淹没在15肘尺（约7米）的水下，这一切被认为发生在公元前2370年左右。

这样一个有关全球性大灾难的神话也出现在了很多不同民族的传说之中，虽然这些民族的文化不同，彼此相距也很遥远。“诺亚”这个名字在世界上很多地方都众所周知：在亚马孙地区，他被称为“Noa”；夏威夷人把他叫作“Nu-u”；而在墨西哥，那里有一个“Nalá”。此外，世界上其他的文明中也广泛流传着相似的传说，只是各地区流传的故事版本不尽相同：已知的关于大洪水的故事已有150多种了。甚至在美索不达米亚文明里，其史诗《吉尔伽美什》中所提及的大洪水的故事，也与《圣经》中描述的故事具有高度的相似性：“图图（Tutu）被告知要拆掉他的房子来建造方舟拯救他自己。”

学者们曾试图重建诺亚方舟。在荷兰的多德雷赫特，一位名为约翰·惠波斯的荷兰男子建造出了一艘与《圣经》记载中尺寸完全相同的现实版“诺亚方舟”。在《圣经·创世记》中这样描述道：“你要用歌斐木造一只方舟，分一间一间的造，里外抹上松香。方舟的造法乃是这样：要长三百肘，宽五十肘，高三十肘。方舟上边要留透光处，高一肘。方舟的门要开在旁边。方舟要分上、中、下三层。”（出自《圣经·创世记 6，14-16》）。

事实上，照此打造而成的“方舟”是一个平行六面体，它长156米，宽26米，高度超过15米。它就像一个巨大的集装箱，比一个足球场的长度还长，有一座四层建筑那样高，它既没有船头也没有船尾，甚至连船舵也没有。但是诺亚却完成了任务，《圣经》中记载道：“神记念挪亚和挪亚方舟里的一切走兽牲畜。神叫风吹地，水势渐落。渊源和天上的窗户都闭塞了，天上的大雨也止住了。水从地上渐退。过了一百五十天，水就渐消。七月十七日，方舟停在亚拉腊山上。”（出自《圣经·创世记 8，1-4》）

第122页图　一本15世纪的《圣经》中所配的诺亚方舟的插图。

第122～123页图　观赏亚拉腊山最优美风光的热门地点其实并不在土耳其境内，而是在亚美尼亚国境的这一侧。那是一座名为霍瑞维拉（Khor Virap）的修道院。但是，只有通过卫星照片，我们才能捕捉到亚拉腊山山体轮廓中那被称为“亚拉腊山异物”的地质异常景象。

《圣经》经文中提到亚拉腊山时使用的是复数形式：这是因为亚拉腊山的山体分为大亚拉腊山和小亚拉腊山两座高峰，它们之间分开约有11公里。通过整合相关的信息，我们可以推算出：诺亚方舟应该是降落在距离山峰顶点约800米的地方，也就是海拔4365米处。在1840年，一次巨大的火山爆发影响到了部分亚拉腊山：传说中的方舟可能就在那个时候滑下了山坡。或者，它可能已经永远地遗失了。无论如何，相关的研究仍在继续。

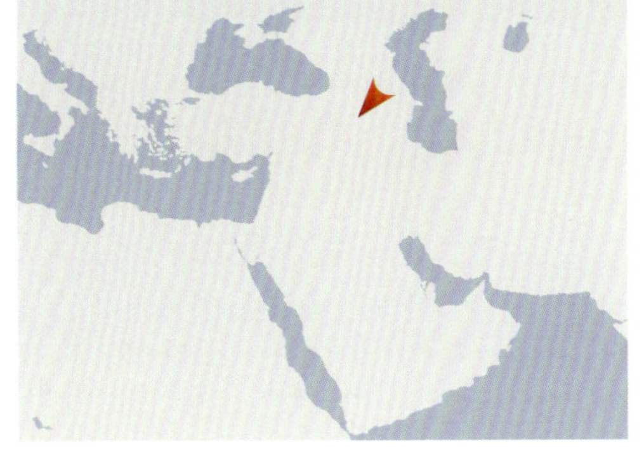

土耳其

哥贝克力山丘

（北纬37°13'23" 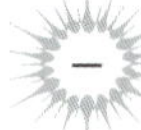 *东经38°55'20"）*

世界上最古老的神庙坐落在土耳其，关于文明的起源，
它似乎想要向我们讲述一个与众不同的故事

在土耳其南部，距离叙利亚边境不远的地方有一座山丘，它被誉为“世界上最古老的神庙”，它便是哥贝克力山丘（Göbekli Tepe）。大约在11000年以前，古代的居民们将目光扫视过美索不达米亚平原辽阔的土地，最终选择这里建立起了一座神秘而庞大的远古遗迹，以此来纪念他们的神，而那些神的名字在很早以前已被世人遗忘了。

这座令人难以置信的人造山丘的建成时间，比基督教的出现还早9000年。对它的考古挖掘工作是从1994年才开始的，而其发现却足以迫使我们去改写所有的历史书籍：生活在新石器时代的古人并不像那些粗糙涂鸦的壁画上所表现的，仅仅是生活在洞穴里的猎人，取而代之，他们能够使用精湛的技术，包括打磨和雕刻巨型的石块，来建设敬神的崇拜场所。

从哥贝克力山丘已经挖掘出了一系列神秘的巨石石柱，它们根据一种特定的、不同寻常的形状被制作成一个个的“T”字形。其中有一些石柱的高度达到6米，重量超过10吨：据考古学家估计，整片地区大概有50座类似的“T”字形巨石，这种形状可能是通过风格化的表现手法来呈现巨人的轮廓。

人们不禁要问，对哥贝克力山丘的居民来说，在比文字的发明还要早3000年的远古时代，他们怎么可能构思、设计并建造起这样一座完整的人造山丘呢？哥贝克力山丘高15米，其直径达到300米，它是用来向神明致敬的。巨型的台阶地和数量众多的巨石圈已经被发现，但它们的用途尚不清楚。更不用提围绕着那些数量可观的浮雕和雕塑们的谜团了。这些浮雕和雕塑刻画了各种类型的动物和植物（比方说蛇、狮子、蝎子、野猪和公牛），同时，也有长着相同面孔的拟人化的雕像，以及被古代哥贝克力山丘居民所崇拜的生物，他们专门将其设计并表现为长有翅膀的人形雕像。

有些人认为，这些长翅膀的雕像代表的是古代的巫师；还有些人认为这与天使神话的起源存在某种关系；而另外一些人则推测这些雕像与《以诺书》中引用的“守卫者传奇”之间存在联系：根据这个古老的杜撰文本的记载，“守卫者”是一种超越凡人的存在，他从天而降，在消失以前，将艺术和科学领域的绝密知识传授给了古老的美索不达米亚平原上的人民。在另一个奇妙的假设中，认为哥贝克力山丘是《圣经》中描述的伊甸园里的一座神殿：事实上，各种文献学的研究似乎表明，伊甸园与这座土耳其古代遗迹的所在地之间，在地理结构和气候上都确实存在令人兴奋的相似之处，因此，它一定是在数千年前便已出现了。

但是除了这些想象，哥贝克力山丘所蕴含的谜团似乎还远远没有得到解答。寺庙的存在，本身就与那个远古时代不相符，那时候没有哪个人类文明

第124～125页图　在10000年前，某个古老而神秘的人类文明在哥贝克力山丘所在的圣山上，将目光久久地凝视着美索不达米亚平原。然后，这些远古时代的先人们决定在此建造这片如今被认为是我们这个星球上已知的最古老的神圣区域。但是，它的秘密至今还没人能够破译。

第125页图　神秘的“T”字形巨石石柱群是哥贝克力山丘的象征，据测量，有些石柱高度达到6米，重量超过10吨。根据某些理论的说法，它们可能是巨大的拟人化的雕像，其表面雕刻的图案唤起了人们对那种奇怪的无脸有翼的生物的联想。

第126页图和第127页图　在哥贝克力山丘的古代神殿中，几乎所有的雕像表现的都是动物的形象。它们有的是野猪、秃鹫，或者是狗：这些雕像在数千年以前被这里的居民固定在了石头上。但那里也有蛇、狮子、蝎子或公牛形象的雕像。目前尚不清楚这些出现在石壁上和巨石石柱遗迹旁边的大洞具有什么用途。

有足够的能力完成这样一座巨石遗迹的建造。

耶利哥城（Jericho）被认为是世界上最古老的城市，尽管如此，它的修建时间也比哥贝克力山丘晚1000年；而英国史前时期巨大的石柱群——巨石阵的建造时间更比它晚了足足5000年。数个世纪以来，哥贝克力山丘的创始人所拥有的知识似乎已经消失得无影无踪了。

据研究，这座圣山似乎在公元前8000年左右被突然遗弃了，并被精心地铺上了一层体积在300~500立方米的石头和泥土。那么，哥贝克力山丘在数千年以后被发现，真的只是我们偶然撞上的运气吗？或者，它其实是远古时代的先人们有意留给后世的遗迹？难道当时居住在这里的人们，真的拥有远超越其所处时代的高深知识，是他们有意将这座神圣的遗迹保护起来，以便它能够保存到我们这个时代？

所有的答案似乎仍被埋藏于地下。根据地质雷达和地磁的调查结果显示，在周围0.22平方公里的土地之下，至少埋藏着16个以上的巨石圈。并且，据哥贝克力山丘考古挖掘工程的主持者克劳斯·施密特证实，迄今为止，整座遗迹只有5%的部分被挖掘出土；学者们也许要再挖掘50年，才能勉强触碰到其地下遗迹的表面。哥贝克力山丘这座世界上最古老的神秘庙宇，定将吸引不止一代的考古学家投身到对它的研究和探索之中。

第128页图和第129页图 这个生动的动物形象石雕是在哥贝克力山丘的遗址中被发现的，它让人回想起旧石器时代洞穴中的壁画。根据考古学家的说法，这种石雕是与古老的狩猎和集会有关的宗教作品。哥贝克力山丘神秘的建设者们很可能相信动物的灵魂可以转世重生，所以便将它放在了这个令人印象深刻而又古老的巨型建筑中敬奉了起来。

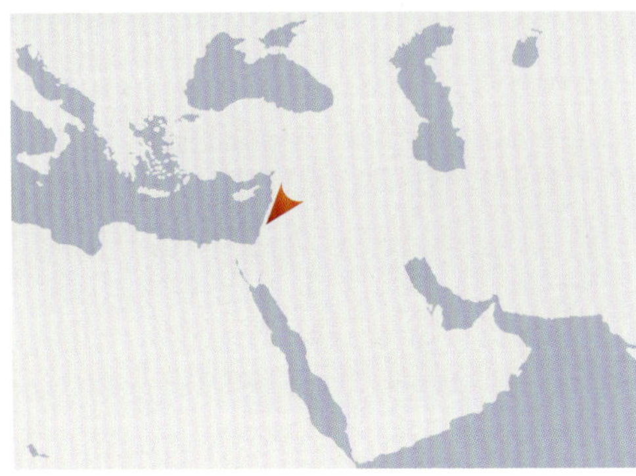

第130～131页图　米吉多城的遗址位于以色列海法市以南30公里处，它占据着卡梅洛山脉东侧山坡的战略要地，控制着连接埃及和美索不达米亚的古代贸易通道。这座矗立在山丘上的古城，其建筑结构自《圣经》时代起就几乎没有改变过。

哈米吉多顿

（北纬32°35′ 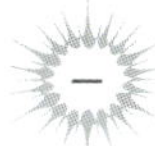 东经35°11′）

《圣经》中曾预言，人类的末日之战将发生在以色列的山区，战场就在哈米吉多顿

当你发现自己置身于这样一个地方：你的左侧是高耸的卡梅洛山脉，右侧是基利波山，身后是撒玛利亚地区，前方是通往拿撒勒的山谷，那么你的脚下很有可能就是这个世界上最神圣的地方之一，没错，你正站在哈米吉多顿的中央。由于曾经盛传的“千禧年世界末日说”给人们造成的恐慌，以及好莱坞以此题材拍摄的大制作灾难影片，早已使哈米吉多顿这个地名变得人尽皆知。实际上，它已经成为“世界末日”的同义词。没人知道世界末日会在什么时候、以何种方式降临，但是在古老的宗教典籍中却精确地预告了它的发生地点：世界末日将会降临在米吉多山（在古代希伯来语中写作“Har Megiddo”，由此衍生出现代词汇Armageddon，即哈米吉多顿）。根据《新约圣经·启示录》中的记述，天下众王将会在此进行最后的大决战，对战双方分别是由基督引导的正义一方，对抗受撒旦煽动的邪恶一方。

然而，这座地处以色列核心位置的小山丘到底有什么特别之处？《圣经》中有几处提及米吉多城，以及与它相关联的一些重要人物，例如约书亚、所罗门王、约西亚。米吉多有人类居住的历史从公元前7000年到公元前500年，长达6000多年。这里正好地处当时经济和政治的要道中央，是连通古埃及与美索不达米亚的必经之地。因此，这座城市具有极其重要的战略地位。

尤其值得一提的是，如今这座看似由瓦砾堆砌而成的小山丘，却向世人讲述着在几千年的历史长河中，曾有至少25个人类文明在此兵刃相接的惊人故事。米吉多山的考古层是价值不可估量的知识宝藏：这里每平方米的土地都可谓历史典籍中的一页，等待着我们去破译。米吉多就是一个传说，它浸透了曾在此激战过的战士们的鲜血。

《圣经》中预言，这里注定会成为人类世界末日之战的战场，而在米吉多的历史上，它已历经了众多著名的战役。最近的一次发生在第一次世界大战中，当时英军曾和奥斯曼土耳其人在这里交战。这场战役最终以英国人的胜利而告终，同时，也标志着土耳其人对中东地区超过5个世纪的控制权彻底丧失。

在很多个世纪以前，公元前609年，埃及法老尼科二世曾率领军队在此击败了约西亚国王统率的犹太人军队。约西亚国王被杀死，从那时起，在犹太文化中，米吉多之战也成了“彻底毁灭”的代名词。

然而，在米吉多附近发生的历次战役之中，最出名的是公元前1478年埃及法老图特摩斯三世率领军队对抗迦南军队。这是有历史记录的最早的一场古代战役，它通过象形文字记载了下来，并镌刻在卡纳克神庙中。据传说，那次战役历经了长时间的围攻，最后，埃及人使用了一种神秘而充满魔力的“光之武器”成功结束了战斗。

米吉多城当年那座巨大的城门如今依然守卫着这里，它曾顽强地抵抗住攻势如潮的埃及军队达数月之久。其中较高的几扇大门据说是由传奇的所罗门王下令修建的。城中还有一处颇富宗教意义的地方，它是用来放置祭祀供品的巨大圆形祭坛。此外，值得一看的是通往古代隧道的180级台阶，它们建造于亚哈国王统治时期。

但是，米吉多的全部秘密还没有被完全解开。2005年，从废墟中又发现了马赛克图案的陶片，其有可能来自世界上最古老的基督教教堂。在此进行的各种考古发掘工作还在继续，而对世界末日之战真相的探究也从未停止。所幸的是，时至今日，世界末日还未降临，哈米吉多顿也还只是一座山丘的名字。

第132页上图和下图　米吉多城的入口位于北侧。如今，这里依然能看到三处入城的大门，每道门边设有两个房间，用来供士兵在此控制入口。

第133页图　我们还不能确定，人类种族间的最后一次冲突是否真的会发生在米吉多，但是，这座山丘历史上已经发生过三场战争，分别是在公元前1478年、公元前609年，以及1918年。漫长的战斗终以极其血腥的方式决出胜负。在米吉多城里，有一条长长的隧道一直通向一口水井，这是为了在城市遭受围困时专门做的设计，它可以确保城中居民赖以生存的水源不被敌人切断。

所罗门圣殿

（北纬31°46＇40＂ 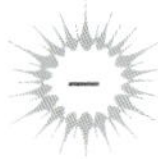 东经35°14＇8＂）

最珍贵的宝藏可能就埋藏在圣城耶路撒冷最神圣的中央区域

据《圣经》记载，所罗门王（以色列的第3位国王，于扫罗王和大卫王之后继位）的第一圣殿兴建于公元前833年，历时7年后竣工。这座建筑的重要性非同一般，这在《圣经》中表现得极为突出，在《圣经·列王记》中，共有11章以所罗门作为主角，其中不止3章讲述的正是这座传奇圣殿的建造历史。

耶和华向所罗门的父亲大卫王昭示，“但选择耶路撒冷为我名的居所……”（出自《圣经·历代志下 6：6》）。大卫王因此决定在耶路撒冷建造圣殿，而他的儿子所罗门在继承王位后完成了这项工程。这座圣殿是耶和华在尘世的尊座，殿中保存着约柜——传说中上帝命令摩西打造的一只皂荚木箱子，内铺黄金，用来存放“……一个盛放吗哪（古以色列人在经过荒野时所得的天赐食粮）的金罐，和亚伦发过芽的杖，并两块约版……”（出自《圣经·希伯来书 9：4》）。

根据大卫王的旨意，约柜被运到了耶路撒冷，目的是将耶路撒冷变成以色列新王国中的一个新的宗教和政治中心。所罗门王以其智慧而闻名于世，据说，当耶和华降临在他的梦中并答应满足他的愿望时，所罗门没有要求长寿或富有，而是祈求“赐我智慧、可以判断你的民、能辨别是非”（出自《圣经·列王记上 3：9》）。在所罗门王长达40年的统治期里（公元前970年至公元前930年），他加快了以色列王国的统一进程，建造了这座成为全国性宗教圣地的圣殿，殿中很可能隐藏着有史以来最珍贵的宝藏。

根据《圣经》中的描述，所罗门圣殿的结构可以分为三部分：前庭区域、中厅和最中间存放约柜的“最神圣的地方”（《圣经》中所说的内殿）。圣殿坐落在大卫城（耶路撒冷的别名）的城郊，从高处俯视着整座城市。在圣殿前方的露天区域建有祭祀用的圣坛。根据《圣经·旧约》中的描述，所罗门圣殿大约长30米，宽10米，高15米；圣殿的主体建筑结构由石头建成，殿内完全用香柏木覆盖，并且雕刻着圆花纹饰和初开的花蕾（出自《列王记上》第6章）。然而，圣殿中最重要的部分无疑是内殿，那里面满是珍宝和圣物：所罗门王在“殿里预备了内殿，好安放耶和华的约柜。内殿长二十肘、宽二十肘、高二十肘，墙面都贴上精金。又用香柏木做圣坛，包上精金。所罗门用精金贴了殿内的墙，又用金链子挂在内殿前门扇、用金包裹。全殿都贴上金子，直到贴完。内殿前的圣坛也都用金包裹。他用橄榄木作两个基路伯（智慧天使），各高十肘，安在内殿”。（出自《列王记上》第6章）

当约柜被安置在至圣所后，一片阴云覆盖了圣殿的上空，这是圣灵显现的迹象，然后所罗门王举行了庄严的仪式宣告圣殿落成，用来献祭的供品有超过2.2万头牛和12万只羊。然而，所罗门王死后，以色列王国的统一被打破了。在公元前587年，巴比伦的尼布甲尼撒国王将所罗门圣殿夷为了平地。40年之后，第二座神殿再次建成，但它在公元70年又被罗马皇帝提多彻底摧毁。

这座传奇的神殿唯一保留下来的是一部分残存的西侧城墙，就是人们如今所说的那面“哭墙”。直到数千年后的今天，仍有所罗门的后人们来到这里哀悼圣殿的毁灭。

但是，围绕着所罗门圣殿最大的未解之谜也许还是那个失踪的约柜。很多人认为是圣殿骑士团把它转移到了欧洲某个安全的地方。但在另外一个版本的传说中，约柜被所罗门王交给了他和示巴女王所生的儿子门涅利克。门涅利克后来成为埃塞俄比亚的第一任皇帝，因此直到今天，埃塞俄比亚阿克苏姆古城中的牧师们还声称是他们在代代相传地保卫着约柜。

与此同时，还存在第三种假说。有些人坚信这种可能性，即所罗门王早已在圣殿底下修建了某个

第134～135页图　耶路撒冷对基督教、伊斯兰教和犹太教这三个一神论宗教来说，都是具有神圣意义的宗教中心。清真寺外广场东侧的小山丘上，可能就是藏匿着那个不可侵犯的神圣秘密的地方。唯一能够确认的是，如今人们所说的“哭墙”，就是传说中所罗门圣殿保留至今的仅存的遗迹。直到今天，犹太教徒们还会来此悼念这座被摧毁的古代圣殿。

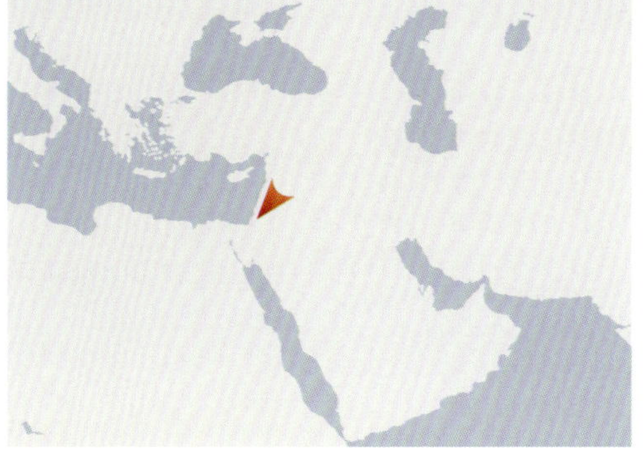

MONTIS DOMINI TOTIVSQ. SACRI TEMPLI EXEMPLVM

AD A

隐秘之处用来藏匿约柜，并且，这些都发生在巴比伦军队摧毁圣殿之前。无论如何，非常确定的是，根据《圣经》中对圣殿消亡所作的描述，以及侵略者们对掠夺所获战利品的报告中，都未曾提到约柜。因此有人相信，约柜依然在耶路撒冷，它被智慧的所罗门王巧妙地隐藏在了这片曾建有第一圣殿的土地之下。而关于约柜藏匿的具体位置也有另外一种假说：大多数人相信约柜的藏匿之处就在清真寺外广场东侧的小山丘上。但是，考虑到耶路撒冷对三大宗教（基督教、伊斯兰教和犹太教）来说都是高度神圣不可侵犯的圣地，若想在这里开展考古挖掘工作来寻求真相，其可能性微乎其微，这不过是一个美好的梦想罢了。

第136～137页图　很多人曾试图根据《圣经》中的描述重现所罗门圣殿的平面图。为了建造圣殿，所罗门王使用了令人难以想象的庞大财富：包括3000吨黄金和30000吨白银。根据《圣经》中的记载，所罗门圣殿原始的规模为30米长，10米宽，大约15米高。

ANTIQVIS DESCRIPTIONIBVS A BENED. ARIA MONTANO OBSERVATIS,
TVS SACRI INSTRVCTIONEM *

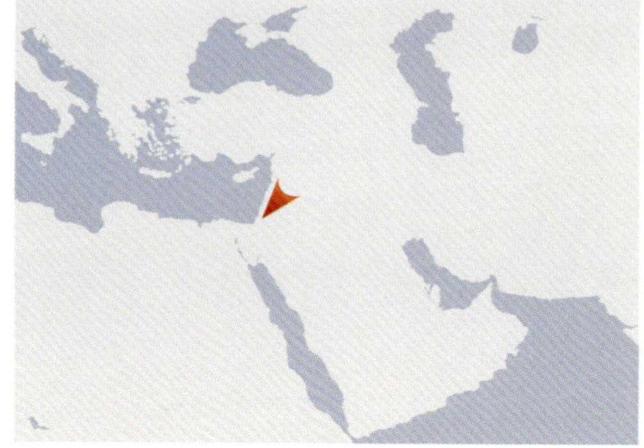

死海古卷

(北纬31°44′27″  东经35°27′31″)

轰动世界的发现来自以色列沙漠中一个被废弃的洞穴

世界上没有任何地方能和耶路撒冷一样拥有如此浓厚的历史和宗教意义：这里是三大宗教的圣地，因此也成了永无止境的宗教冲突的中心。耶路撒冷的所罗门圣殿中隐藏着永恒的秘密，但是在它南边100公里远的库姆兰山谷中，即如今被人们称为“约旦河西岸”的地区，也存在一个惊人的秘密，在被遗忘了数个世纪之后才重见天日。这是一个对基督教体系的起源影响重大的秘密。

1947年，那时库姆兰山谷的古代洞穴还属于英国统治下的巴勒斯坦地区的一部分。这些废弃的洞穴离死海的咸水湖不远，是那些在岩石沙漠中行走的人们躲避酷热炙烤的临时掩蔽所。这片土地如此荒凉，在此活动的只有一些零星的牧羊人或贝都因人。其中一位年少的牧羊人穆罕默德·埃尔哈米德，在和自己的同伴朝一个洞穴内掷石块玩耍时，听到从洞穴深处传来一种低沉的破碎声，从而发现了这个宝藏，其重要程度是这个牧童无法了解的：那里有几十个瓦罐，装着写有古代语言的经卷，经卷上的文字是这个牧童和他的伙伴们都不认识的。这些就是传奇的死海古卷，上面记载着极其重要的宗教经文——这是世界上发现的最古老的希伯来文《圣经》抄本。第二年，这个消息就传遍了全世界，但是由于阿拉伯和以色列之间一场战争的开始，延缓了对死海古卷的考察及复原工作，致使其发掘工作直到1956年才完成。最终，从11座洞穴中挖掘出了超过800部书卷、将近15000块书卷残片，要把这些书稿全部重新组合在一起是一项浩大的工程。

世界各地的学者们对此展开了各种研究，但是，大部分书卷的研究情况还处于保密状态。在那些保密的书卷中到底写了什么？根据某些极富想象力的理论，例如畅销书《达·芬奇密码》中遵循的那些假设，认为并不是所有的《福音书》都流传到了世人当中，像是那些提及圣杯的历史真相的篇章就曾被隐藏了几个世纪。而如今，这些神秘的内容在库姆兰重现于世了。

今天，几乎所有从库姆兰发现的经卷残片都已经对世人公开了，当中不包括伪造的《福音书》。其中，最重要的发现都陈列在了耶路撒冷那富丽堂皇的以色列博物馆中，它们通过恒定的低温被保存，屏蔽了光线和空气介质，被封闭在一个能抵御核弹攻击的坚固结构中，其储藏环境与这些古卷被发现时所在的瓦罐中的条件非常接近。

历史学研究和神学研究对死海古卷这一发现的争论都提到了神秘的艾赛尼派，这是一个在公元前150年到公元68年居住在库姆兰地区的犹太教派，他们有可能掌握有开创一种信仰及预知未来的知识，并且书写下了这些经卷。

然而，寻宝者的注意力却集中在从库姆兰洞穴中发现的一块编号为“3Q15”的经卷残片上。与其他所有的库姆兰古经卷不同的是，这块残片是用铜

第138～139页图和第138页图　库姆兰是位于约旦河西岸的一处考古遗址，它地处距离死海岸边1公里远的一片干旱荒凉的地区。这里的村庄遗址与从附近洞穴中发现的那些令人难以置信的宝藏相比，显得毫无价值。考古学家从此地的11个洞穴中一共发现了近900部极其珍贵的书卷，它们的材质大部分是羊皮纸，但也有各种纸莎草纸。这些洞穴内的温度较为凉爽，有效地保护了这些轰动世界的经卷免受沙漠酷热的破坏：根据一些学者的看法，这些洞穴是当时居住在库姆兰的一个神秘部落的藏书室，是这个部落利用自己的知识撰写了这些珍贵的宗教手稿。他们究竟是什么人？

第140页图 从库姆兰的洞穴中发现的巨大瓦罐，其内部装有珍贵的死海古卷：它们的这种形态构造是使这些手稿得以保存下来的原因。

第140~141页图 在库姆兰发现的经卷中，最长的一部被称为“神殿经卷”。它里面记载的内容包括对一座未知的犹太教神殿的描述，以及对祭祀的操作程序和其他宗教活动的描写。全部内容都是以上帝和摩西之间对话的形式来传达的，上帝给出指示，摩西则去实现。“神殿经卷”中的文字共有65列，书写在大约9米长的羊皮纸上。

制成的，这或许是因为其价值胜过其他经卷。它上面记录的是64个藏宝地点。如今，“3Q15”残片上提到的大部分地名已经不复存在，很难根据这张古老的藏宝图去寻找宝藏。唯一还沿用了古代地名的藏宝地是位于橄榄山山脚下的阿弗索罗姆陵墓。在这个铜经卷的残片中写道：“在阿弗索罗姆陵墓的西侧向下挖可以找到8个塔兰特（古代希伯来的货币单位）的白银。还有17个塔兰特的白银藏在浴池底座的水盆下面。这个水盆里还有黄金和成筐的供品，就在它四角的地方。”

有人曾尝试辨别出“3Q15”经卷残片上标明的另外63个藏宝地点，从而了解那些地方藏匿的是什么样的圣物。很多人认为这些就是原来存放于所罗门圣殿中的传奇宝藏。该圣殿在公元70年时被提多率领的罗马军队夷为平地，它的宝藏可能也被偷盗者们分散藏匿在了耶路撒冷的各个角落。如今，在库姆兰发现的经卷手稿会为找到这些宝藏的下落提供线索吗？

佩特拉

（北纬30°19′43″ 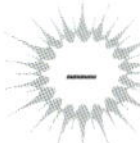 东经35°26′31″）

“赐我如此奇观在东土，玫瑰红色之城传千古。”
约翰·威廉·培根（1845年）

在约旦瓦地伦山谷瑰丽壮观的红色沙漠边缘，一个令人激动的未解之谜已被隐藏了数百年，它连接着一段神秘的过去，那是一个已消失的王国和一个从未被发现的宝藏。人们将其称为“墓葬之城”、“粉红之城”、“失落之城”，或更简单地称之为“佩特拉”。

佩特拉是一座完全在岩石上雕凿而成的不朽之城，2007年，它被评选为“现代世界七大奇观”之一。然而，它的非凡之处可以追溯到非常久远的过去。

在公元前6世纪，一支神秘的游牧民族纳巴泰人占据了佩特拉所在的这片地区，他们将这里发展成了一个重要的商贸中心。纳巴泰人经济富裕、文明发达，但关于他们的原始记载如今几乎已消失殆尽。如此一个文明高度发达的民族，怎么可能不想给后世留下任何关于自己的历史踪迹呢？

佩特拉在全盛时期的人口超过20000人。然而令人难以理解的是，在公元106年，佩特拉却变成了罗马帝国的附属。在第一次十字军东征期间，佩特拉被耶路撒冷国王鲍德温一世占领，之后，它一直被控制在基督徒手中，直到阿拉伯君主萨拉丁在1187年彻底击败了基督教的军队。这座神秘的城市最后一次在编年史中被提及，是在1276年关于埃及苏丹拜巴尔·班度克达里的记载之中，从这之后，这座神话般的城市的名字就被湮没在了历史的长河中。对于这样一座曾经极为富饶的王国都城，竟然如此长久地在历史上沉寂并消失，这是很不寻常的。

如今，我们有幸能够目睹到佩特拉古城的奇美，还要归功于瑞士探险家约翰·路德维格·伯尔克哈特。1812年，他装扮成一个阿拉伯朝圣者，成功地请向导带领他穿越秘密通道来到了佩特拉，那是一条长逾1公里的狭窄山谷，至今它依然是进入佩特拉古城的必经之路。

穿过这座峡谷后，映入眼帘的第一座建筑是卡兹尼宫殿，它也被称为“宝库”：该宫殿高43米，宽30米，其正面顶部的显著位置有一个瓮，传说是一位法老在和以色列人交战时用来收藏自己的财宝的。在好莱坞影片《印第安纳·琼斯和最后的十字军》（又称《夺宝奇兵4》）中，给观众留下了这种印象：圣杯似乎就藏匿在这座镶嵌在岩石中的宏伟建筑里。其实这不仅仅是电影中的幻想，12世纪时，十字军曾建造了5座城堡，而其中之一至今未被发现。很多人相信，佩特拉正好在十字军东征失败以后逐渐被世人遗忘，这并不是时间上的偶然巧合。两者间只是简单的“命中注定”要在同一时间相继淡出历史舞台吗？还是有什么东西需要被秘密保存在佩特拉并严加看护起来？

不论佩特拉是否埋藏有宝物，这座被遗忘的城市毫无疑问曾经拥有过无与伦比的财富。

第142、143页图　当你初次进入佩特拉古城，感受到的震撼是无可比拟的。一条长约1公里的狭窄山谷将这座古城与世隔绝了几个世纪。在步行通过峡谷后，佩特拉的标志性建筑——被称为“宝库”的卡兹尼宫殿那宏伟的轮廓会猝不及防地突然出现在你面前。它那令人难忘的外观高43米、宽30米，整个宫殿都是从粉红色的岩石山峦中凿刻出来的。在宫殿内部，有两间未加雕琢、毫无装饰的房间，因此，有人认为这座巨大的建筑只是某个曾经显赫的家族的陵墓。

第144～145页图　“正立面大道”的边上是一系列令人惊叹的从岩石中凿出的高大建筑物，人们为了说明它们的雄伟程度，将其称为“皇家陵墓群”。站在高处的参观者可以享受到世界上独一无二的视觉盛宴，凝神向比肩而立的陵墓逐个看过去，有瓮陵、丝陵、科林斯柱陵、宫陵，以及塞克斯图斯·弗罗伦丁之墓。

第146～147页图　瓮陵是佩特拉古城中的第二大建筑遗迹，它也被称为“庭院”。瓮陵建成于公元70年，在其外部有一条柱廊，拾级而上可以通往悬在一排拱门之上的天井。

第147页图　由于佩特拉古城中的建筑物体积巨大，站在高处俯视是欣赏它们的最好方式。

在“正立面大道”边上，坐落着一些不朽的“皇家陵墓”和一座堪称奇观的罗马式剧场（由纳巴泰人所修建）。这座剧场能容纳接近3000名观众，共分为三个区域，设有45排座位。当时如此多的观众聚集在此，观看的是什么样的大型表演，我们现在仍不得而知。

整个区域里最引人注目的还有一个奇特却又令人感到恐惧的地方，被称为“牺牲祭坛”：它那经过打磨的平台和排血用的凹槽组成了世界上保存最完好的祭祀遗址。两座各高7米的方尖碑上所刻画的宗教图腾代表的是两个纳巴泰人信奉的神灵——杜莎拉和阿尔乌扎，他们都需要用鲜血来敬奉。这座祭坛范围内是禁止普通民众进入的。

但是，使人印象更加深刻的是一个被称为“修道院”的地方。要到达此处，人们必须先沿着从陡峭的岩壁上凿出的800级台阶攀爬而上。登上最高处后，就可以看到这座同样是在岩石中雕刻出的宏伟建筑，它宽50米，高45米。这里可能曾经是纳巴泰国王奥博达一世的陵墓，而“修道院”这个名字是源自建筑内部那些十字架雕像，以及一个“奇迹”。佩特拉的居民会皈依基督教，要归因于一个超自然的事件：公元423年，一位叙利亚的修士巴尔萨乌玛来到佩特拉，他看到这里已经连续四年大旱，人民饱受折磨。于是这位修士跪地向主祈祷，即刻便来临了一场暴风雨，从此这里的居民们便将自己的信仰转向了基督。根据对佩特拉进行考察的考古学家的说法，人们现在所看到的这座迷人的粉红之城，其规模仅是整个建筑的二分之一，建筑的其余部分依然埋藏在地下，有待去发现。通过在卡兹尼宫殿正下方开展的一次考察已经证实，整个建筑在地下的规模和其呈现在地上的部分基本相同。这就好像在佩特拉古城的地下还有另外一座佩特拉城。

令人难以想象，这里还蕴藏着多少奇迹等待我们去发现！

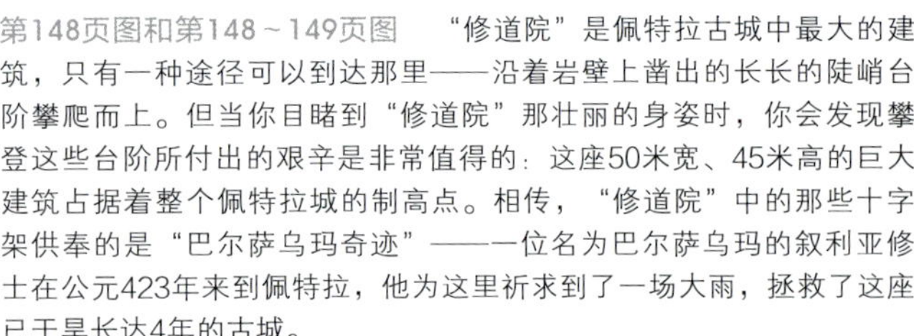

第148页图和第148～149页图　“修道院”是佩特拉古城中最大的建筑，只有一种途径可以到达那里——沿着岩壁上凿出的长长的陡峭台阶攀爬而上。但当你目睹到“修道院”那壮丽的身姿时，你会发现攀登这些台阶所付出的艰辛是非常值得的：这座50米宽、45米高的巨大建筑占据着整个佩特拉城的制高点。相传，“修道院”中的那些十字架供奉的是“巴尔萨乌玛奇迹”——一位名为巴尔萨乌玛的叙利亚修士在公元423年来到佩特拉，他为这里祈求到了一场大雨，拯救了这座已干旱长达4年的古城。

巴基斯坦

摩亨约达罗

（北纬27°19＇35＂ 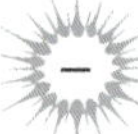 东经68°8＇15＂）

在印度与巴基斯坦的边境线附近，一座古代城市的遗迹似乎表明曾发生过一场难以置信的空中大战

1922年，在如今印度和巴基斯坦之间的边境线附近，一次特殊的考古发现向世界展示了一个高度进化却不为人知的人类文明，考古学家们用一条流经附近的大河的名字将其命名为“印度河流域文明”。不过，人们根据从这片区域内发现的另一处古代遗址，也把它称为“哈拉帕文明”。这座古城保存完好，并且，它至今仍守护着一个令人难以置信的秘密，有待我们去发现。这座古城的名字叫作“摩亨约达罗”，意为“死亡之丘”。

根据考古学研究，摩亨约达罗兴建于公元前3000年左右，其面积大约为1平方公里，能够容纳至少70000人，这在当时可谓一座名副其实的大都市。城里的布局展现了清晰的城市规划方案：摩亨约达罗的建造者们为整个城市配备了一套完美的供水系统和排污系统，以及一个供热及空气流通的系统。

位于古城地势高处的区域包含著名的大浴池、两座寺庙和一个粮仓；而地势较低的区域则是密集的民房，横平竖直的街道网络以精准的几何形状勾画出一片片的城市街区，一排排的民居就整齐地安置在街区之中。在古城中还发现了商店和手工作坊，其手工制品上雕刻的铭文由400多种不同的符号构成，这些符号的含义还没有人能够破解。很可能是印度最古老的宗教典籍《吠陀经》中描述的那个伟大、先进且反对暴力的人类文明，建造了摩亨约达罗，他们曾生活在萨拉斯瓦蒂河的沿岸。

然而，大约在公元前1500年，哈拉帕文明消失了，摩亨约达罗也变成了一座废城。学术界对这一变故的原因提出了各种假说：有些人认为这是由于为城市提供水源的水系流向发生了改变。还有些学者猜测，这个文明的消失可能与严重的人口过剩有关：当摩亨约达罗的居住人口达到40万时，其城市系统可能就崩溃了。另有一些人相信，摩亨约达罗消亡的原因可能是雅利安人的入侵，他们为了纪念被称为“破坏城堡者”的天神因陀罗而对摩亨约达罗发动了毁灭性的战争。

此外，还存在一种不可思议的假说，带着科幻小说的色彩。1979年，梵文学者大卫·达文波特出版了《公元前2000年的原子大破坏》一书。他在书中提出，摩亨约达罗遭到了难以置信的剧烈原子破坏。通过罗马大学的专家们所进行的分析显示，从这座古城中出土的手镯、酒壶和玻璃化的石头都曾经经受过高达1500摄氏度的热浪。高温形成的结晶体所呈现的融化类型，相当于核爆炸或是陨石撞击所造成的结果。这说明在最后一刻必定是发生了不同寻常的事情。此外，分析还显示，这些出土的物品就和这一地区的石头一样具有放射性：其中铀和钚的含量都远超常规水平。根据达文波特的推论，数千年前，印度河谷上空曾展开过一场原子战争，或许交战双方动用了在印度宗教典籍《吠陀经》和《往世书》中都有提及的著名武器——“维摩那”。在这些文献的记载中，“维摩那”是天神在战斗中使用的武器，意为“飞行的战车”。

第150～151页图　摩亨约达罗古城的居民区通向一个类似大本营的场所，那里建有一些浴室，曾被用于神秘的仪式和庆典。然而，摩亨约达罗这个名字的含义是“死亡之丘”，它的得名原因何在？那个使人联想到佛塔的巨大建筑又是何时建成的？

第151页图　很多人曾错误地认为摩亨约达罗古城中的一系列圆柱形建筑是神秘的塔楼。实际上，它们很有可能是从下方的水井中汲水的管道。

第152页图 从摩亨约达罗古城遗址发掘出的精美的石板上刻有象形文字。其年代可以追溯到公元前2500年到公元前1700年的哈拉帕文明时期。这些石板上还描绘有古代动物的图案，甚至包括传说中的独角兽。然而，动物图案旁边的文字符号至今仍然未被破解。

第153页图 在巴基斯坦的卡拉奇博物馆中收藏着从摩亨约达罗遗址中发掘出的大部分无法破译的惊人发现。其中一个最高深莫测的发现是一个人形雕塑，它的神态严厉、高傲，学者们认为它很可能代表的是一位印度河流域文明时期的祭司。

在印度史诗《罗摩衍那》中，我们可以读到这样的描述："那辆战车自己移动着，全身上下闪耀发光，涂有油彩……当战车飞行时，它发出有旋律的声音，听起来就像潺潺流水。"后面还写道："突然间，吹来一阵强劲的风，令高山晃动，人们可以看到一束火焰的光辉从空中穿越而过。"在另外一部伟大的印度史诗《摩诃婆罗多》中，有这样的描写："我们看到在天空中……一个巨大的深色维摩那，发射出燃烧的炮弹。它以难以相信的速度接近地面，投掷着火轮。"史诗中还提到了一种射线，它能够将整支军队化为灰烬，而且会导致幸存者的指甲和头发脱落，这种射线就如同烈火女神阿格奈娅的武器："射出一支箭，带着无烟的火焰，发出耀眼的光辉……整个世界仿佛沉浸在狂热之中，被那武器的热量所燃烧。就连水也变热，生活在水中的生物似乎也要燃烧起来。敌人们感觉就像被毁灭性的大火燃着的树木。"这些描述让人不禁回想起日本广岛和长崎曾发生的原子弹惨剧。那么，几千年前的摩亨约达罗究竟发生了什么？为什么至今这里似乎还带有放射性？这些依然是未解之谜。

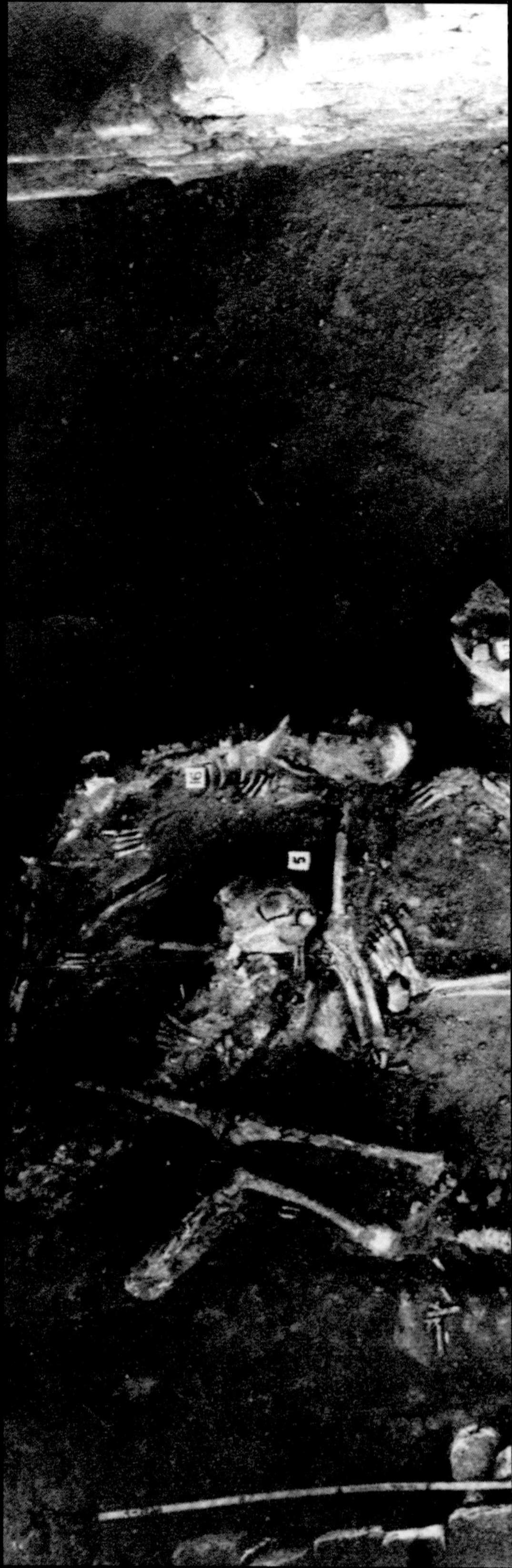

第154页图 摩亨约达罗的古代居民似乎是在没有任何明显原因的情况下突然从这里消失的。然而，其社会发展程度在5000年前的人类文明中是处于领先地位的。举例来说，在他们住宅的浴室里甚至安装有使用竖直水管的排水系统。

第154～155页图 从摩亨约达罗古城的遗址中发现了各种各样的骸骨，特别是由考古学家约翰•马歇尔所进行的挖掘工作发现了13具突然死亡的人类遗骨。它们被埋葬的方式不同寻常，遗骨身上没有打斗的伤痕，只有经过煅烧的迹象，这似乎暗示着这里曾经受过某种突如其来的骇人的热爆炸。

印度

阿育王柱

(北纬28°31'28" 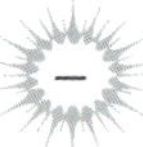 东经77°11'6")

这座巨大的铁柱是印度民族精神的象征，历经1500多年的风雨至今仍未生锈

在印度首都新德里这座不断扩张的城市中，存在着历史上最大的谜团之一：这是一根神秘的铁柱，又被称为阿育王柱，就矗立在库巴特·乌勒·伊斯兰清真寺（Quwwat-ul-Islam）建筑群的中庭内。每年，世界各地有成千上万的游客来到这片清真寺建筑群游览参观，但并非他们中的每个人都了解这座古老的人造铁柱的重要性。

库巴特·乌勒·伊斯兰清真寺和高74米的顾特卜纪念塔都修建于12世纪，那时正是穆斯林统治印度的时期。但是，新德里的这根铁柱却已有至少1600年的历史了，它是一根“毗湿奴（Vishnu）的支柱”，是作为印度教寺庙中崇拜对象的一部分，而非清真寺的遗迹。我们不知道它是从何地被运来，由什么人所制造，更重要的是，我们不知道这根竖立在户外的铁柱是如何在近16个世纪的漫长岁月中经受住雨水的侵蚀和破坏而不生锈的。

阿育王柱由纯铁锻造，高度超过7米，重量近7吨：它应该是用熟铁制成的。但在缺乏现代技术支持的条件下，这样的作品是如何被创造出来的，这仍然是一个未解之谜。令人印象最深刻的是它柱顶的结构：其柱头由8部分组成，它们被设计、锻造，并以绝对的精度组装在一起。在顶部还有一个矩形的孔，可能曾安置过一只金属圆盘——脉轮。脉轮有多种不同的象征意义，其中之一是以一只致命的锥形圆盘的形态作为毗湿奴的武器。当毗湿奴将脉轮投掷出去，它会像一只回旋镖一样追赶敌人，直到令其身首异处才会回到毗湿奴的手中。

2010年，有实验室对阿育王柱的成分进行过分析，研究表明，它的表面有一层氧化物的薄膜，并且，其铁质的含磷量很高，这些便是它具有优异的抗腐蚀性的原因。根据科学家们的推断，阿育王柱能保持千年不被腐蚀的秘密就在于锻造它所使用的铁质类型。但是在1600年前的古代，什么人能够生产出此类物质呢？在印度中部的中央邦，曾有一个名为“Agaria”的古老部落，该部落一直遵循着传统的方法来提取和加工铁。他们的秘诀就在于选用一种特殊的铁矿石，用这种类型的铁矿石炼出的铁不会生锈，因为它的成分中富含磷。

围绕着阿育王柱的另一个难解之谜是它的最初位置位于何处。刻在铁柱基部的铭文证实它曾竖立在一座有一只毗湿奴脚印的小山上。而在中央邦的维迪沙（Vidisha）地区，确有一座外形非常不同寻常的山：实际上，若从上空俯瞰，它的轮廓就像一只巨大的脚印。

新德里的这根不可思议的铁柱还有可能是一个已被遗忘的古天文台。古代的祭司们可能就是通过观察铁柱影子的变化来解读天象的。但是，要等那曾经用来装点阿育王柱的贵金属圆盘再次被找到，才能证实这是否是一个合理的假设。

第156页图　在新德里的库巴特·乌勒·伊斯兰清真寺建筑群中，发现了一系列引人联想的古代遗迹、建筑和古墓，以及这座印度最古老的清真寺。

第157页图　阿育王柱被认为是“毗湿奴的支柱”。其柱头由8部分组成，它们被锻造并焊接起来的精确程度，简直达到了令人赞叹的程度。

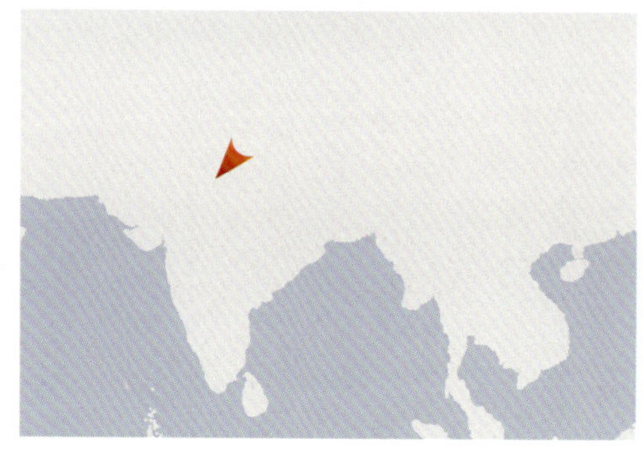

中国

魔鬼城

（北纬45°30′ 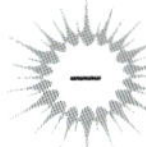 东经85°55′）

当夜幕降临，这座“恶魔之城”似乎给荒凉的沙漠带来了邪恶的生命

在中国新疆维吾尔自治区，能找到中国的海拔最低点，它位于塔克拉玛干沙漠中，海拔为-155米。此外，在新疆还能找到陆地上距离海洋最远的一点，这一点位于古尔班通古特沙漠中，它与最近的海岸线也相隔着2648公里。这里是世界上自然环境最极端的地区之一，有时甚至令人望而却步。同时，这里也是多个民族的故事和传说的汇聚之地：除中国外，还包括蒙古国、俄罗斯、哈萨克斯坦、吉尔吉斯斯坦、塔吉克斯坦、阿富汗、巴基斯坦和印度。著名的丝绸之路从这一区域穿过，如今，这里好像还回荡着由马可·波罗或其他什么人所讲述的成吉思汗的功勋，仿佛还能听到古代的军队在穿越这里时发出的声音。据传说，曾有一支军队在这片地区被恶魔的歌声和一阵邪恶的风沙所吞没，从此杳无踪迹。这个传说就发生在新疆乌尔禾区，它位于距离克拉玛依市以北100公里远的地方，是魔鬼城中一个令人不安的“鬼镇”。当地人也把它称作“诺敏风城（或鬼城）”，蒙古人则将它称为“Sulumuhak”，意为“幽灵的城堡”。

魔鬼城其实不是一座真正的城市；它是一片面积达30平方公里的惊人的沙漠区域。经年累月，由强劲的大风和狂暴的雨水共同侵蚀而成的地貌，逐渐形成了一种雄伟壮观却又令人不安的地质结构，竟使人联想到了废弃的古堡、高塔和幽灵城市中的阴森房屋。2001年，奥斯卡获奖影片《卧虎藏龙》的外景地之一就选在了这里，导演正是巧妙地利用了魔鬼城独特的景致，拍摄出了这部不朽的作品。

大风24小时无休地从这里无情吹过，其风速可达难以在陆地上找到记录的程度，若是在海上，其风力相当于10级风暴。到了夜晚，狂沙漫天飞舞，石块被吹得相互撞击，发出可怕的声响，令人不禁联想到仿佛是幽灵们正沿着魔鬼城的地貌轮廓彼此追逐不休。

根据当地的传统说法，这声音也许是来自不停地折磨着魔鬼城的鬼魂们的哭号，又或者是来自阎罗王这位地狱的守护者和执法官所派来的地狱使者们的声音。

踩着噼啪作响的小石子经过魔鬼城，较为幸运的人可以捡到红玛瑙。据说，这种宝石被赋予了魔力，预言家能通过它看到过去，因此它也被称作“神谕水晶”。而对魔鬼城来说，过去就意味着无边的孤独与荒凉。与此同时，关于它的过去，也呈现过另外一番不同的景象：亿万年前，这里曾是一个生机勃勃的恐龙谷，在恐龙谷的南面还有一个巨大的淡水湖泊，在毁灭性的大灾难降临以前，恐龙都会到这个湖泊来饮水。这是魔鬼城的另一段真实历史，它同恶魔般的声响一样，也回荡在这片神秘而迷人的地区的山谷和山峰之间。

第158～159页图　在白天，魔鬼城中那些被大风侵蚀而成的山丘看上去是美观而有趣的岩层。但是到了夕阳西下的时候，这些山丘如浮雕般的轮廓曲线和奇异的角度却使之摇身一变成了恐怖的古代废弃建筑。当大风吹过，使它们发出惟妙惟肖的声音，就如同令人毛骨悚然的哭号。

第158页图　据考察，大约1亿多年前的白垩纪时，这里曾是一个巨大的淡水湖泊，湖岸生长着茂盛的植物，水边栖息繁衍着乌尔禾剑龙、克拉玛依龙、准噶尔翼龙和其他远古动物。后来，由于两次大的地壳变动，湖泊逐渐抬升为陆地，并最终演变成了如今奇特的地貌形态。

第160～161页图和第161页图　《卧虎藏龙》是李安导演的电影名作之一，在2001年曾一举斩获了4项奥斯卡大奖，其中包括最佳外语片奖。这位台湾导演将新疆这片奇异的地区选作了影片的外景地之一，成功地唤起了人们对它的好奇。可能正是魔鬼城中的幽灵镇那神秘独特的结构，为影片增色起到了至关重要的作用，为这部电影得到奥斯卡最佳艺术指导和最佳摄影奖项的认可做出了贡献。

中国

秦始皇陵

（北纬34°22′53″ 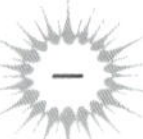 东经109°15′14″）

在这座世界上最大的墓葬之中，秦始皇将他有生之年征服来的一切都与自己葬在了一起

在中国陕西省临潼，与西安市距离20公里远的地方，存在一个非凡的世界：从农田中冒出数以百计的土冢，它们有的体积中等，有的则十分巨大。至于它们内部容纳了什么，至今依然是谜，但是我们知道它们里面埋葬着什么人：包括皇帝、将军、贵族，他们中有些人曾是这个世界上有史以来最富有、最有权力的人。

大约2000年以前，这片土地曾经是血腥的战争不断上演的剧场；规模庞大的军队在这里激烈地交战，而王朝亦随之不断更迭。它的四周仿佛仍回荡着成千上万名曾参与建造了这些墓葬的工匠的声音。这是一个只能存在于奇幻世界中的伟大历史遗迹，即使陵墓的主人早已逝去，但它们仍继续宏伟地留存于世：它们是权力和财富的象征，是崇高地位的象征，是永恒不朽的象征。

在这些墓葬中，最重要的那一座也被与最强大的诅咒连接在了一起。在公元前246年，那时中国还没有统一，战国群雄割据，为了争夺霸主地位，彼此之间战争不断。在秦国的领地上，一位非常年轻的君主刚一继承王位便下令开始建造自己的陵墓。那些位高权重之人的陵墓会修建在地势较高的地方，而帝王的陵墓则要建立在其中最高的地方，因此，秦始皇陵选址在了骊山的山坡之上。那些建造者们当时可能并不知道，他们正在修建的这座陵墓日后将会成为世界上有史以来人类创造的最伟大的作品之一。多年以后，秦国的这位“小皇帝”成功地统一了六国，建立起了一个大一统的帝国：从此秦朝诞生了。

工匠们都被召唤来，为这位中国悠久的历史中最有权势的人设计建造一座皇陵：在地面上建立起了一座山丘似的封土，而整座皇宫都被复制到了它地下的墓穴之中。经测量，如今秦始皇陵的封土每边长度约为350米，高度为70米。它的修建使用了超过350万吨的泥土，经过小心地施压而垒成。秦始皇陵远远不仅是一座陵墓；它是世界上有史以来最大的墓葬群，其面积之广可达60平方公里。

在古籍的记载中，曾这样形容秦始皇的地下宫殿：“在顶壁上闪耀着天空中的星辰。地面上，用水银制成的江河湖海和整座皇家宫殿的复制品，重现了这位皇帝的王国，等待迎接他灵魂的到来。陵墓的周围陪葬有他在来世继续统治王国所需要的一切，就像他在有生之年统治国家时所需要的一样。”秦始皇的随葬品给人们留下了极为深刻的印象，你只需想一想：那一整支由8000人组成的兵马俑军队甚至在记载中都没有被提及，其随葬品的壮观程度便可见一斑。这支规模庞大的“军队”就被埋葬在秦始皇陵的附近。

第162页图　在陕西省临潼，与西安市距离20公里远的地方，存在一个非凡的世界：秦始皇陵是世界上有史以来最大的墓葬群，其面积之广可达60平方公里。

第163页图　这支8000人的“永恒之军”已经部署了2000多年，它们紧密地团结在一起，为了陪同秦始皇一起踏上通向永恒的旅程，等待在他的指挥下到来世继续为他征战。

第164页图　秦始皇是中国历史上第一位皇帝，“始皇”的称号实至名归。他是历史上最具争议性的人物之一，他竟打算将自己生前统治的国家整个复制到陵墓中去。这个疯狂的梦想太过残暴，对百姓徭役过重。为了建造这座陵墓及其他随葬品，他不惜牺牲了数量惊人的劳工的生命，而秦始皇陵直到他离世时也未能竣工。

秦始皇的地下世界是由锻造的青铜像和陶俑来重现的，同时，也是靠牺牲鲜血作祭品来实现的。事实上，除了数以百计被用来向神灵赎罪的活人祭品外，这项异常浩大的工程也耗尽了成千上万名劳工的生命：他们每天被迫起早贪黑地工作，直到体能枯竭，他们被剥夺了食物和睡眠，只能夜以继日地不停工作，直至死亡。在秦始皇统治时期，所有百姓都不得不花费生命中一年的时间来修建秦始皇陵。然而，很多人被迫在那里服役了更长的时间，最终再也没能回家去。

接下来，另外一个问题是：根据史料记载，在秦始皇陵的建设末期，据说当时测得其高度为150米，这比它如今的高度要高得多。若想建成一座150米高的金字塔，其底座的每边长至少要达到500米，这意味着，秦始皇陵最初的体积比如今要大5倍，比埃及胡夫金字塔要大4倍。专家们认为，其尺寸的减小是由于风雨长期侵蚀的结果。但也有理论认为，这是因为它根本没有完成。公元前210年，当秦始皇驾崩后，百姓纷纷起义，反抗他们曾忍受的暴政，并把这个王朝彻底推翻了。也许，秦始皇那疯狂的梦想——重新打造一个地下帝国，伴随自己一同前往来世——最终还是失败了。但是，秦始皇最伟大的功绩——一个统一的中国依然存在。这个民族正在良好而平稳地向前发展。

第164～165页图　兵马俑仅仅是秦始皇陵陵区内令人难以置信的奇珍异宝中的一小部分，从陵墓中发现的古代记载里甚至对它们的存在没有任何提及。这些兵马俑地处一个隐蔽的位置，就好像是被硬挤到整个秦始皇陵中一片靠边的区域里似的。这些仿佛是在表明，在这座奇妙的陵墓中一定还有更多的宝藏有待被发现。

日本

与那国岛海底遗迹

（北纬24°26′58″ 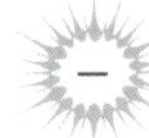 东经122°56′1″）

冲绳海岸的海底似乎沉没着一座令人难以置信的水下堡垒，
它被当地人称作“龙宫”

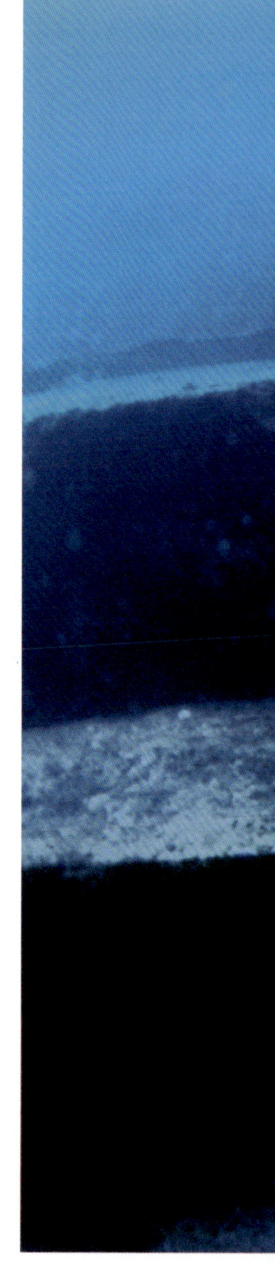

在日本的最西端，在琉球群岛的海洋深渊里，沉没着一个古老的未解之谜。1985年，日本水下探险家新嵩喜八郎在与那国岛的岸边有了一个惊人的大发现：在这座小岛的水下，存在一片雄伟的岩层，像是水下金字塔，它的建筑结构显然是由人类之手塑造和雕刻出来的。这一特殊发现，立即引发了人们的好奇：这种异常的建筑结构建成于什么年代？数千年前修建了这座海底神殿的神秘建造者又是什么人？

在琉球大学海洋学教授木村政昭的组织协调下，经过多年研究得到的资料似乎可以识别出这一水下发现的主体结构，它是一块单独的巨型石雕，高20米，深200米，宽100米。它的建筑结构是金字塔式的，其内部有巨大的台地、阶梯，以及真正的街道。

有些地质学家却认为，这种结构只可能是大自然的杰作，是自然界的水下活动将岩层侵蚀出了如此壮观的具有几何学构造的地形，因而，看起来就像是一座被淹没的金字塔。然而，根据塔莫拉教授的说法，对于它的存在年代有两种可能性。第一种可能的情况是：在上一个冰河时期，由于冰川融化使海平面上升，导致该遗迹原本所在的一整片区域被完全淹没并沉入了海底，那么，其建造年代应在大约10000年以前。按照这种假设，可能曾有某个非常古老的未知文明由于气候的剧变被彻底毁灭了。第二种可能的情况是：与那国岛的考古发现属于一个更近的年代：约在公元前4000年到公元前400年。那么，它之所以会沉没在海底，应是一次毁灭性的地震和海啸造成的结果，这两种自然灾害一直循环性地影响着这一地区。

很多与那国岛的居民更愿意将这片神秘的海底遗迹与当地的古老传说联系起来。相传，曾有一个名叫浦岛太郎的渔夫救了一只海龟，海龟为了报恩，便将他驮到了龙王的水下宫殿中，这就是传说中那座美丽得令人忘记时间的龙宫城。传说中描述的那只海龟似乎就是被雕刻在与那国岛水下金字塔中的那只动物。事实上，从这座水下遗迹中被称作“祭祀区”的部分曾有过一些奇特的发现：包括一只石鸟、一块三角形盆地，还有一个海龟形状的动物雕刻。它与一种冲绳传统中典型的龟壳墓葬（kamekobaka）非常相似。

与那国岛海底遗迹的主体建筑是一座台地结构，围绕着它的是一条宽度在6米到50米的环形路，它以一道矮墙为界，只能通过墙上的一座拱形大门打开。在这条环行路之外，也就是在金字塔主体结构的周围，还存在着其他五座体积相对较小的建筑物。

整座水下建筑是坐北朝南的，楼梯起始于它的正面，分别通往两片区域：向东通向“祭祀区”，向西通向“台阶区”。后者的特征是其各个岩石部分间都是互相垂直的，并被完美地切割成了直角。

在水下遗迹主体建筑的最高层，有三个圆柱形的孔，用来放置大型的石柱，这三根石柱或许已经倒塌了；还有一道陷阱门可以通向下层的一个房间，房间中安置着一个墓石牌坊。在另一个被称为“神体”（Goshintai）的结构中包含一块迷人的石头，有研究显示，它的功能可能是一个古老的日晷。

在主体建筑结构之外，其他的建筑物都被连接在了走道上。其中有一条走道通向一座迷人的巨石，该巨石与一座坐落在复活节岛上的摩艾石像很相似。

第166～167页图　与那国岛水下建筑的主体是一座庞大的金字塔，它高20米，宽150米，长200米。围绕着它的是一条环形的大道，被称为“内环线”，其宽度为6米到15米，以一道矮墙为界，墙上像是有一座能够打开的拱形大门。在主体结构之外，还有五座较小的建筑物包围着这座不可思议的水下堡垒。

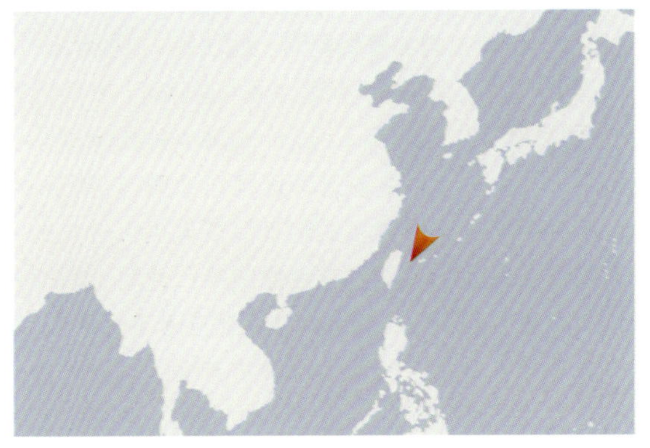

第168页图　在与那国岛的水下建筑中，有两处被称为“台地”：一处是它的主体结构，另一处是其上层结构。它们都是由被垂直并完美切割的岩石构成的。与整座建筑的朝向一样，它们也都是坐北朝南的。即使这座水下建筑是大自然的杰作，如此的景象也是世上独一无二的。

第169页图　欣赏与那国岛的水下遗址有两种方法：一种是选择使用潜水的方式前往海底。遗址位于距离与那国岛小港口大约一个半小时船程的地方，若是潜水还能观看到双髻鲨，它们大量地生活在这片水域中。此外，另一种选择是乘坐一种玻璃舱底的游船观光，这种游船每周至少会组织一次水下遗迹参观。

它高7米，在靠上的位置雕刻有一些图案，似乎是在表现某种面容；那里有两道水平的裂缝，被称为“贾可的眼睛”，这是为了纪念一位伟大的法国潜水员贾可·马约尔，他生前曾深深地迷恋着与那国岛的水下金字塔。这座神秘的水下建筑真是大自然的作品吗？还是我们应该把它设想成某个数千年前的未知文明留下的遗迹？可是，除了这座水下金字塔，这个文明却没有留下其他任何可供考察的痕迹？传说中，在那已被遗忘的遥远过去，曾有一块被称为“姆大陆”的陆地坐落在日本和南美洲之间的太平洋上。因而有人猜测，也许是生活在“姆大陆”上的某个古代文明建造了这座遗迹。但即使是在“人造”假说的支持者中，也有很多人对所谓“姆大陆”的存在表示怀疑。

唯一可以确定的是，在科学家所指出的与那国岛水下建筑可能的建造时期中，并没有已知的高度进化的人类文明居住在这座日本岛屿上。与那国岛水下金字塔的真相似乎仍被牢牢地守护在太平洋的海底。

柬埔寨

吴哥古迹

（北纬13°24′45″  东经103°52′0″）

在柬埔寨的心脏地带，一个古老而奇妙的秘密被雕刻在石头上，它已在森林中被遗忘了几个世纪

吴哥（Angkor）是一个令人印象深刻的地方，这座古老的城市被神秘的色彩所笼罩。如今，它被认为是我们这个星球上最伟大的奇迹之一。吴哥窟是最著名的寺庙，它的名字源于古老的梵文；在高棉语中，它的意思是“寺庙都城”。吴哥窟是一个神奇的地方，被一种引人联想的体系结构所包围：它已成为柬埔寨的主要景点，并且，它的形象也出现在了柬埔寨的国旗上，这些都绝非偶然。但是，许多未解之谜仍被隐藏在它里面。事实上，吴哥那些神圣的寺庙的墙壁，把一个非常古老的历史围在了里面：通过它的石头和浮雕，在向世人娓娓述说着一个令人难以置信的传说，那传说悬挂在天空、星辰和预言之间。

若从空中鸟瞰，整个吴哥窟复杂的结构看起来就像一张地图。它的主体建筑是一个“二分结构”（以春分或秋分为中心的结构），全部建筑都以一条横贯东西方向的中轴线为中心，以镜像对称的方式排列。在每年春分那一天，太阳会刚好在吴哥窟的中央塔上方升起。同时，在它的设计元素中，数字72起着重要的作用：显然，古代的设计者想通过一种非常明显的方式在建筑群里强调这个数字。也许一切只是巧合，但是吴哥窟却刚好有72座建筑。而且数字72还神奇地体现在了经度上：从吴哥窟向西72度，刚好是传奇的胡夫金字塔所在的经度；而若向东144度（72的2倍），又刚好是坐落着摩艾石像的复活节岛所在的经度。

然而，吴哥窟似乎没有留下任何能供后世考察的资料。我们只能靠思考，在印度教神话中有四个时期——克里达纪（持续了1728000年）、特雷达纪（持续了1296000年）、达夫帕拉纪（持续了864000年）和卡里纪（持续了432000年）——如果用“hat”（当地的度量单位，约相当于半米）来测量，吴哥的四个部分的官方记录与之完全相同。无论是什么人建造了这座建筑瑰宝，他们一定确切地知道这个地方使用的数字代表着什么。

如果去想一想，我们这个星球上那些伟大而神秘的地方之间存在什么联系，答案很可能是天上的星星。这种奇妙的联想已经带来了一系列最令人难以置信的假说：例如，吴哥建筑物的布局设计似乎重现的是天龙星座的排列；以同样的方式，埃及吉萨地区的三座金字塔似乎重现的是猎户星座的三颗腰星。然而，以吴哥所处的纬度，上一次能够在春分那一天观测到天龙星座，应是在公元前10500年。根据某些看法，吉萨的狮身人面像和出现在埃及地平线上的狮子星座能够相互对应起来的年代也是公元前10500年，刚好是同一个神秘的年份。这虽然还只是一个富于幻想的理论，但它如果能被证实成立，就将推翻我们已知的一切，有关我们这个星球上所有古老文明的历史都将需要改写。据我们目前所知，在12000年以前，还没有一个古代文明足够发达到有

第170～171页图　根据最近的一项研究表明，吴哥是中世纪时最大的都市：围绕其神圣的建筑，它的面积绵延超过了1000平方公里，特征是拥有一个复杂的运河系统。吴哥当时的占地区域可与繁华现代的洛杉矶相比，而其城市规模已达到了近100万的居住人口。

第171页图　吴哥窟在东、南、西、北四个方位基点都设有入口。最大的是西部的入口，通过它后，是三座宝塔。整座寺庙象征的是须弥山，它是高棉文化中位于世界中心的神山：在五座山峰的山顶，矗立着五座宝塔，寺庙外围环绕着一道护城河，象征的是环绕须弥山的咸海。

能力建造出像吴哥窟这种规模和复杂性的伟大作品。

然而，柬埔寨的官方考古学研究已经认定，吴哥窟的建造时期应发生在1113年到1150年，由当时的吴哥王朝国王苏耶跋摩二世下令修建。

此外，在吴哥窟的建筑物上，装饰有1200平方米壮观而精细的浮雕作品。在它们之中，存在一个有趣的线索：其中一幅著名的浮雕，雕刻的是一个称作"搅拌乳海"的印度教神话故事。在这幅浮雕中，阿修罗们（恶魔神）和提婆们（天神族）各拉住巨大蛇神（象征天龙星座）的两端，以它作绳，并让它缠绕在曼荼罗大山上作为搅拌棍，来共同搅拌大海。直到大海变成乳海，从乳海中生出长生不老药。然而，有些人认为这个神话故事其实是一个隐喻，它描述的实际上是一种被称为"分点岁差"的特定天文学理论，这对那些天文观测者来说是一种基本的天文现象。

最后，塔普伦寺是吴哥古迹中另一个令人好奇的地方：它是少数没有被修复的寺庙之一，那里有一个古怪的浮雕引发了游客们的想象：那是一个动物的身影，与史前的剑龙有很强的相似性。但恐龙这种生物灭绝于1.4亿年前，那个时代地球上还没有出现人类。

第172页上图和下图　围绕着吴哥窟中央寺庙的回廊形成了一个激动人心的画廊，它的每一面内壁上都布满一长串的浮雕：这些浮雕一共覆盖了长约800米的墙壁。但其中最惊人的一幅，表现的是著名的“搅拌乳海”的故事：这是一个印度教的神话，它与春分或秋分的天文现象有关。

第172～173页图　这幅名为“天堂与地狱”的浮雕，刻画的是印度教神话中的32层地狱和37重天堂。这个神话旨在表现残暴之苦，这种痛苦是施加给那些违反社会法律的人的，其特征是与罪行不相称的惩罚：例如，有人偷偷在湿婆的花园中采花，则会被惩罚在来世时头部被钉子刺穿。

第174页上图　塔普伦寺的名字意为“大梵天”，它是吴哥修建最早的寺庙之一。从这里发现的一块石碑表明，这个地方曾经居住着超过1.2万人。然而，随着高棉帝国的终结，这座古寺也逐渐被森林所吞噬，特别是缠绕其间的无花果树，形成了如今独特的景致。

第174页下图　塔普伦寺装饰有密集的浮雕，雕刻着不同种类的动物，包括猴子、鹿、水牛、鹦鹉、蜥蜴。然而，其中一幅图案看起来似乎是一只装甲剑龙，这引发了人们的争论和想象。

第175页图　巴戎寺是吴哥建造年代最晚的一座寺庙，雕刻在寺塔上的巨大人脸是它的著名标志。有些人认为这些面孔描绘的是高棉国王阇耶跋摩七世；还有些人认为其刻画的是印度教神话中的神“世自在”的安详面容。无论如何，这就是使吴哥蜚声世界的“高棉的微笑”。

艾尔斯巨石

（南纬25°20′42″ 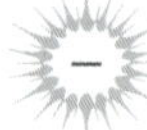 东经131°2′10″）

一座巨大的独体岩位于澳洲大陆的沙漠中央，它是澳大利亚的神秘心脏，也是澳大利亚土著居民古老的知识中心

澳大利亚是地球上最古老的土地之一。它隐藏的神秘就像其蕴含的资源一样丰富，这片大陆在一年中有些时候会变得干旱和荒凉。5万多年以前，在这片广阔的土地上，那些也许是现今仍然存在于我们这个星球上的最古老的人类文明来到了这里：这些男人和女人们似乎具有神秘的感知能力，他们所拥有的知识，对世界上其他地区来说已经失传了。

澳大利亚的中心地带——也被称为澳大利亚的“红色之心”，这得名自其土地的颜色——是一片干旱的地区，那里隐藏着至今尚未被揭开的秘密，就从某些地点不同寻常的地质形态开始。最著名的便是传奇的艾尔斯巨石坐落的地方，但与之相似的谜团也穿梭于康纳山和它扁平的山顶；穿梭于附近的卡塔丘塔岩石群（Kata Tjuta），这个神奇的地方是该地区的澳大利亚原住民阿男姑人（Anangu）的圣地。

1770年，英国海军上校詹姆斯·库克船长是第一个探索澳洲海岸的欧洲人。在那时，澳大利亚土著居民的数量在30万到100万人。他们分成众多的部落或者氏族，相互间使用不同的语言，其方言种类超过了500种。

许多科学家长期致力于研究澳大利亚土著居民所拥有的萨满教的神奇力量：据首位访问澳大利亚土著部落的人类学家讲述，他见过那些拥有非凡的神奇力量的人，例如，他们能够爬上一条悬挂在虚空中的绳子，能飞行，能随意地出现或消失，能飘浮在空中，能够透视身体，能够瞬间移动，以及拥有心灵感应和千里眼的能力。澳大利亚许多神圣的地方是不允许非原住民前往的，因为这些地方被认为蕴含着过于强大的能量，会将那些没有能力承受它的外来人淹没。

澳大利亚土著居民所传承的文化是世界上最古老的，甚至比亚述的巴比伦人或古埃及人的文化还要古老。根据最古老的考古遗址可将这些原住民在澳大利亚生活的历史追溯到大约40000年以前。澳大利亚的北部地区是原住民最重要的居住地之一，这片地区的面积有意大利、法国和西班牙加在一起那样大。在这里已经发现了证据，表明澳大利亚土著居民已经在此生活了数千年。

爱丽丝斯普林斯是澳大利亚大陆的中心城市，在距离它460公里远的地方，存在一个世界上最神秘的地方：它在澳大利亚土著语言中被叫作“乌鲁鲁”（Uluru）；而它的英文名字叫作“艾尔斯巨石”。它是我们这个星球上最大的独块巨石，是澳大利亚最古老的岩石。它的周长为10公里，高度为348米：这座庞然大物会根据光线不断地改变颜色，随着一天中的不同时间或一年中的不同季节而变换色彩。然而，最激动人心的时刻，无疑是黎明和黄昏的时候，那时的艾尔斯巨石会在光线的照耀下映射出神奇的光彩，在四周黑暗的沙漠映衬下散发出不可思议的颜色。

在澳大利亚土著居民的文化中，他们将世界的创造准则与他们称为“黄金时代”的神话传说联系在了一起。他们将艾尔斯巨石视作一个圣地，认为那里充满强大的能量。如今，原住民们仍会在这里庆祝萨满教的仪式。在分散于澳大利亚各地的山洞中，有些至今仍保存有神圣的壁画，在描绘着“黄金时代”的故事，讲述着极为古老的地球历史。

第176～177页图和第177页图　若想感受艾尔斯巨石不可思议的魔力，需要在日落时去探访它的美。这座古老而宏伟的独块巨石拥有一种独一无二的特点：它是由长石砂岩构成的，当黎明和黄昏来临的时候，它会随着光线改变自身的颜色。先是呈现出各种色调的红，当它周围的沙漠渐渐变暗并完全黑下来的时候，艾尔斯巨石则会呈现出生动的橙色光芒。它在地质学上被称为“岛山”，即一座从其他岩石地层中孤立出来的孤山。它的另一个特点是岩石的表面紧密坚实。

在澳大利亚土著居民对世界的看法中，时间并不是线性的。数千年来，关于“黄金时代”的传说是通过父辈们的记忆以口头传述这种唯一的方式一代代流传下来的：黄金时代期间，造物主孕育出大地、天空、大海，以生物的样子游走过大地，用他们自己的身体创造了人类、植物和动物。虽然对造物主有很多不同的称呼，但如今提及他们的时候，一般将其称作“祖先的灵魂”。

艾尔斯巨石对澳大利亚土著居民来说是一个重要的地方，因为他们的很多祖先曾经走过这里，其踪迹如今仍能被原住民们察觉得到。在澳大利亚土著文化中，祖先们的踪迹被看作领土的一部分，它们之间通过一种被称为“songlines”的路径连接起来，并构成了一张覆盖宗教圣地的密集而神秘的“网”。有些学者认为，这些是特别的地磁力线，土著居民们可以利用他们特殊的专长和敏感性来感知到它们的存在。而且，他们在迁移的过程中也会遵循其中的某些路径——就像鸟儿在飞行中所做的那样——选择一条正确的迁移路线，这在一片荒凉的土地上是攸关生死的。

通过对比，地质学家们认为艾尔斯巨石奇异的岩石形状是一种由大气剂的侵蚀作用形成的结果，相同的例子各地都有。但同时，它也是由于陨石雨的作用形成的，在4700年前，曾有一场陨石雨摧毁了这片地区。无论如何，这都是来自上天的力量。

第178页图和第178～179页图　在Mutitjulu地区附近，每当雨水沿着艾尔斯巨石雄伟的侧翼流下时，那种景象绝不仅仅是用“罕见”所能形容的。2010年10月14日，当晚暴风雨围着艾尔斯巨石那明确无误的轮廓倾泻下来，其降水量就平均而言，与这片地区一整年的降水量相同。

第180页上图　在金伯利地区发现的原住民艺术作品中，最具代表性的例子是一幅表现汪吉纳（Wandjina）的壁画。汪吉纳是原住民神话中的天空之神，相传他们是从银河降临到地球上的。这幅画由瓦罗纳人（Worrorra）所创作，画中的汪吉纳正在竹筏上指向山洞，这表现的是一个集体捕鱼的场景。这些古代壁画的历史可以追溯到公元前6000年。

第180页下图和第180～181页图　在澳大利亚，卡卡杜国家公园是一处强制性的停留站，任何想要了解原住民文化的游人都要到此止步。早在4万年以前，澳大利亚土著居民已经在这座国家公园所处的地区定居了。其中最有力的证据，是这些原住民的绘画作品从远古时代起就出现在了诺兰基岩的岩石上。这之中最著名的一面墙上，描绘了一个那蒙纠克人（Namondjok）——根据神话的说法，他是人类的祖先，吃了自己的姐姐——在一幅像是骨架的神秘图案的旁边，画的是被称为纳玛刚（Namarrgon）的“闪电人”。

美国

51区

（北纬37°14′6″ 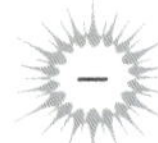 西经115°48′40″）

美国历史上最具争议的军事基地，似乎隐藏着最高级别的军事机密，为科幻小说中最极端的理论推波助澜

在拉斯维加斯机场，每天都有“珍妮特”航空公司的飞机从这里起飞。这家公司实际并不存在，它间接地属于美国空军所有。每架飞机可运送超过100名通勤人员日常往返于一个位于内华达州沙漠中的极机密地点。在那里，有一座军事基地，成千上万的军人正在进行严格保密的不可思议的研究项目。人们将这一地区称为“51区”。60多年以来，它一直是新闻记者、历史学家、不明飞行物研究专家，以及阴谋论者们关注的焦点，这些人在此不断地进行各种测试，试图挖掘出51区隐藏的真相，但它仍然是一个谜。

51区是一片延伸2.6万平方公里的地区，这片区域完全被军事管制，并且时刻处于严格的监控之下。若想到达51区的边界，你需要采道375号州际公路上一个特殊的出口。如今，内华达州已经正式将这条公路更名为“外星人高速公路”，这个名字无疑直接点明了有关这座军事基地的传说，以及由沿途的驾车者们报告过的数不清的对不明飞行物的目击传闻。

整个51区都被夹在沙漠中间，它的管制范围一直延伸至邻近的山脉，那些山峰高耸的天际线似乎是在保护着它免受窥探。51区位于盐沼格鲁姆湖（也被称为马夫湖）干涸的河床上：人们也将它称作“梦境”。在军事禁区内，可以通过卫星图像辨认出那里有几十种飞机库，其中最著名的是18号机库：它的结构很特殊，其宽度和长度大约都是100米，而高度超过30米。人们不禁要问，将机库的结构设计成如此的尺寸，是为了容纳什么样的航空器？要再次感谢卫星图像（实际上，这个军事基地的领空也是严格禁止进入的，甚至对其附近的内利斯空军基地的飞行员来说也是如此），我们还可以辨认出一条极长的跑道，这条沥青大道铺设在沙漠之中，十分显眼。它的长度超过3公里，而最长距离达到7公里，这对于一个普通的登陆跑道来说绝对是不同寻常的规模。

但是，我们能从空中看到的只是一小部分，与之相比，似乎在人们好奇的目光之外还隐藏着什么。有目击者称，该基地的结构在地下还延伸超过50层，越是深入，所要求的访问级别也越高。他们还称，有长达1.6公里的隧道分支遍布于整个地下结构中。

51区周围的保密级别非常高——在2013年8月17日前，几十年来美国政府甚至曾一直否认基地的存在——关于其内部究竟在发生什么，已经产生了各种各样的假说：从绝密的技术项目到军事试验，再到对外星人踪迹的猜想。

所有的假说，都围绕着那些声称曾进入过51区军事禁区的人们所发表的言论而发酵——然而，这些话并没有无可争议的证据做支撑。在这些人中，最著名的是鲍伯·拉扎尔，这个自封为物理学家的人声称，他曾在基地附近进行过研究，并且看到了对宇宙飞船的试验，而这些飞船是使用非陆地的材料制成的。

但最令人难以置信的，是一个名为“罗斯威尔事件”的著名传说。据称，在1947年7月2日，一个神秘的物体突然从天上掉下来，落在了位于美国新墨西哥州的罗斯威尔。其遗迹迅速被军方隐藏并转移走了，这一事件从此便被笼罩在了神秘之中。虽然政府的消息人士否认了这一事件，但不明飞行物研究专家们却认为，落在罗斯威尔的是一艘乘坐着外星飞行员的宇宙飞船。许多人相信，正是这些外星生物以及他们所乘交通工具的遗骸，直接促使了51区的诞生。还有传言称，美国军方曾在这里对外星人进行了尸检，就类似于英国影片发行人桑蒂利曾拍摄的著名的电影中的场景，但他已经公开承认该录像是伪造的。不过桑蒂利也发誓说，他是受到了一部他曾经亲眼看过的原始录像带的启发。

超越了科幻小说理论的范畴，在51区的军事禁区以内——这里用武装着突击步枪的吉普车巡逻，用最先进的雷达监控，在空中，军用直升机不停地飞行巡视，而在地面上，还被隐藏的运动传感器

第182～183页图　公众是被禁止穿过内华达州的沙漠进入传奇的51区军事基地的，但还是有众多怀着强烈好奇心的探险队试图偷偷地看一看里面正在进行的绝密活动。但在基地环形的防护栏内，有武装的巡逻车执勤巡逻，地上还分布着运动传感器，上空则被雷达和军用直升机不停地监视着。无论51区的内部有什么，人们恐怕都是看不到的。

第184~185页图　报告目击到不明飞行物的历史很丰富，既有照片和视频的资料，还产生了与之相关的科幻片中提出的假说。由美国空军进行的“蓝皮书计划”是关于这一问题唯一的官方研究报告。在1947年到1969年，有12618例案件被记录下来，其中95%能够得到合理的解释。然而，仍有701例已被美国空军正式列为不明事件。

第185页图　根据许多不明飞行物研究专家的说法，51区内绝对拥有能够证明外星飞行器确实存在的证据。一些线索似乎可以支持这一科幻般的假说，就以51区内广泛分布着的巨大的飞机降落跑道和几十个机库为代表，其中包括那个最著名的——目前为止也是最大的——被称为18号机库的神秘结构，它里面究竟隐藏着什么样的航空器，需要将其设计成长宽等长的形状？

所包围——美国政府在数十年中可能已经测试过了一些最令人难以置信的飞行器原型。

1955年，洛克希德公司与美国中央情报局签订协议，选择了这片地区来测试著名的U2侦察机。由此，构建起了日后成为传奇的51区的最初核心。然后，在这里进行的是中情局的“牛车”项目：该项目旨在研发一种高空高速战略侦察机。从20世纪60年代的第一代“黑鸟”，到20世纪80年代的F-117隐身攻击机，直到最新的无人机和航空器的绝密原型——据称它能达到极高的飞行速度，如快至6马赫，或是围绕地球巡回飞行一圈的时间少于5小时。51区的真相就在阳光照射下的内华达州的沙漠中，但我们的眼睛还是无法看到它。

美国

风帆石

（北纬36°40′53″ 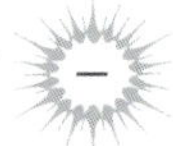 西经117°33′43″）

在死亡谷的沙漠中，沉重的石头会自行移动，
地面上只留下神秘的移动轨迹

美国加利福尼亚州的死亡谷是一片地狱般的荒漠。经测量，美国的海拔最低点就在它的中心，那里是大陆上温度最高的地方，有记录的极限温度达到了56.7摄氏度。在死亡谷中发生的难以解释的神秘现象，激发着人们不断为此而来，同时，也向科学家们发出了挑战。在一片被称为“赛马场盐湖”的区域里，小块的鹅卵石，甚至是体积庞大的巨石，都可以自行移动穿越沙漠，仅在地面留下它们神秘的移动轨迹。这种现象被称为“风帆石”。

这些岩石主要来自附近的白云岩山，它们每两年或三年会移动数米，并留下各种不同的轨迹。如果是表面粗糙不平的岩石，其留下的轨迹是非常笔直流畅的；但如果是表面较为光滑的岩石，那么它们留下的轨迹会更加蜿蜒而不规则。有的时候，在一条单独的轨迹上会出现两种不同类型的路径，这种迹象表明，一块岩石因为突然的翻滚而发生了神秘的移位。还有些时候，这些轨迹会突然转向，形成奇怪的角度。这些被风帆石留在身后的移动痕迹，其深度从没有超过3厘米。

这些被遗弃在沙漠之中的岩石，其中有些重达数百公斤，学者们都试图去了解，它们是如何在没有任何外力推动的情况下发生移动的？这究竟是一种自然现象，还是在死亡谷的中心地带存在某种未知的力量，在驱使着这些岩石移动呢？

对于在赛马场盐湖发生的奇特现象来说，“赛马场”真是一个完美的名字。这里是一个极度干涸的盐湖床风景区，其长度绵延超过4公里，宽度为2公里，海拔在海平面以下。它的湖床表面非常平坦，从其北部边缘到南部边缘之间的海拔差只有4厘米。

发现风帆石的历史始于1948年，那时地质学家麦卡利斯特和阿格纽正着手系统地绘制这一区域的地图。美国《生活》杂志曾以此策划了一个令人难忘的摄影专题。经鉴定，在1972年一年间有30块风帆石发生过移动。它们每一块都分配到了一个名字，用来跟踪它们在随后的七年中发生的移位变化。测试的结果十分有趣：在夏季，没有一块石头发生过丝毫的移动；它们只在冬季移动（虽然在某几个冬季里它们也没有移动过）。最长的一段移动旅程来自一块被登记为“南茜”的石头，它留下的移动轨迹为201米。一块名为“凯伦”的石头（重318公斤）是所有测试石块中最重的，相比之下，在这七年中它几乎没有移动过。

对于风帆石现象，可能的解释都指向了冰的作用。在冬季，严寒会将死亡谷的一部分冻结成冰。几所大学的实验室曾对此进行了相关的实验，但不是所有的实验结果都有充分的说服力。最近的一次实验是在2011年，其结果被发表在了著名的《美国物理学杂志》上。根据科学家们的说法，风帆石的现象可以被一种由冬季的微风和小型冰层共同作用而形成的名为“木筏”的组合所解释。

然而，若人们偶遇一块这样的石头，即使是最令人满意的科学解释也无法减轻我们的惶恐情绪，设想一下：在寂静的夜晚，荒凉的死亡谷中有一块石头踏上了一段不知目的地的旅程，即便在它庄严前进的身后留下了明显的轨迹，正是在诉说着它旅行的终点。在有些人看来，风帆石的移动惊人地象征了人类自身的存在，我们也像风帆石一样，行走在一段未知的人生旅程中。

第187页图　没有任何一块风帆石在夏季时发生移动：冬季才是死亡谷中好奇的岩石们“迁移”的时节。这些岩石每两年或三年会发生移动的现象，但至少需要四年时间，才能留下一条像样的轨迹。表面粗糙不平的石头在地面上留下的是直线的沟痕，而光滑的石头留下的是弯曲的轨道。

第188～189页图　曾有科学实验在连续七年的时间里对30块风帆石的移动进行了监控，所记录到最长的移动轨迹超过了200米。

美国

消失的阿纳萨齐人

（北纬36°3＇30＂ 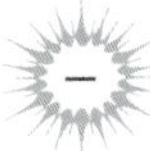 西经107°57＇32＂）

这些古老的印第安人曾生活在新墨西哥州的查科峡谷中，他们身上到底发生了什么？

查科文化遗址被认为是美国最大的考古之谜。大约在800年前，一支超过8000人的原始印第安人部落突然整个从新墨西哥州的沙漠中消失了，只留下了一系列等待被破解的踪迹。这个族群被称为“阿纳萨齐人”（Anasazi），意为“鹰之人”；他们的名字在纳瓦霍语中的意思是“古代人”。

位于新墨西哥州的查科大峡谷长19公里，宽1.5公里，这里就是阿纳萨齐人在全体消失以前曾经平静生活的地方。

这一切几乎是偶然发生的。1888年，两个牛仔来到了查科大峡谷，在峡谷底部，他们发现了一座由800间住宅组成的宏伟建筑：这就是被称为“Pueblo Bonito”的印第安人村落遗址，它是阿纳萨齐人的家园。有些人认为该遗址是阿纳萨齐人的都城，还有些人认为这里是某种精神中心。但有一件事是可以肯定的，这座遗址的建造时间大约发生在公元1000年，并且，在北美洲这片干旱的地区上从没有发现过与之类似的建筑。这是一座典型的埃及法老时期的建筑。该遗址最著名的建筑元素是一种圆形的、建造在地下的洞室，称作大地穴（kiva）。在同类建筑中，规模最大的是卡萨林克纳达神庙（Casa Rinconada），它就建在Pueblo Bonito遗址的外面，其宽度为20米，高度为5米。这些大地穴有可能是用来举行宗教仪式的场所：按照这个已消失的古老部落的祭祀仪式，在大地穴的房顶上都修有洞口，这是为了让灵魂可以从这个洞口进出。

阿纳萨齐人与大自然之间存在一种虔诚的关系，特别是与大地和太阳之间。在许多大地穴中，太阳的光线会在每年夏至这一天的黎明时刻穿过窗户，照射到一个特定的壁龛上，这种壁龛是在这些遗迹的内部被发现的。这一现象还不能被解释，但是，在被称作“Fajada Butte”的遗址中，该现象变得更加明显了：雕刻着“太阳匕首”的岩石呈现出两层螺旋；由于洞穴入口处的岩石上形成了裂缝，在每年夏至这一天，其中较大的螺旋会与真正的光之刃形成十字交叉。然而，到了冬至这一天，太阳光线则会刚好穿透两个裂缝，限定出这两个螺旋的外边界。这是一种刻在石头上的历法，它来自一个非常古老的时代。

大地穴的修建，除了以阿纳萨齐人拥有的惊人的天文学知识为基础之外，也是依照精确的位置来选址建造的。这些位置是由他们的巫师选择出来的，巫师会在认为具有强烈大地能量的地点做一个螺旋的标记。

对阿纳萨齐人来说，另一件令他们痴迷的事情体现在他们修建的主要道路网上。阿纳萨齐人建造了超过300公里的道路，其中一个宏伟的例子，是一条俯瞰Pueblo Bonito遗址的北部大道：它长33公里，它的修建呈现出了一种惊人的精确度。即便使用罗盘，想要实现这种笔直度也是十分困难的，而阿纳萨齐人当时并不具备此类仪器设备。这就表明，他们拥有的知识远比传统考古学所能想象的要先进得多。

第191页图　从建筑物的角度来看，Pueblo Bonito遗址最独特的特色无疑是一系列的大地穴，这种房间的形状呈圆形，并被挖建在地下。它们的功能至今还不完全清楚。其中最大的一座大地穴的直径有20米。有些人认为，这些大地穴是阿纳萨齐人用来举行宗教仪式的场所。

第192页图　在美国犹他州峡谷地国家公园的墙壁上，绘制有阿纳萨齐部落日常生活的壁画，这给人们留下了深刻的印象。特别是其中的一块，它被称为“报纸岩”，在它上面依然较完好地保存着阿纳萨齐人那激动人心的涂鸦。壁画中有人类、动物、狩猎的场景，以及古代的压痕。

但是，在他们的文化中也存在着一个令人不安的方面。通过从查科大峡谷中发现的人类遗骸所进行的研究，似乎有证据表明，阿纳萨齐人是一个专门吃人的食人部落。关于他们的这种特征，已发现了许多迹象：破碎的头骨、骨髓流干的骨头、粪便化石中的有机成分，甚至发现了存储于罐中的肌红蛋白（一种蕴含于肌肉中的蛋白质）的痕迹。在这片沙漠中，还有一个重要的墓穴，这里埋葬的是理查德·韦瑟里尔。他是最先来到查科峡谷的探险家之一，而他正是被那些他想要研究的人们杀害了。

无论如何，韦瑟里尔的证词是最重要的证据。他这样写道：“当我们进入纳瓦霍峡谷并发现这些废墟的时候，我们恍如回到了不知多少个世纪以前的远古人类世界。一切都完好无损，就和它们被那些原始居民留下时的样子一样。这些物品都井井有条地布置在房间里，好像摆放过它们的人刚刚离开，去邻居家做客了一样。完美的陶器样本都躺在地上，而铁餐具和其他家用物品被留在了阿纳萨齐妇女们最后一次使用它们的地方。”

韦瑟里尔描述的是一个惊人的场景：没有任何战争和传染病的迹象，一个先进的文明突然被迫抛弃了自己的中心。阿纳萨齐人神秘的命运究竟如何，这个古代部落到底发生了什么，至今仍然是未解之谜。

第192～193页图和第193页图　Pueblo Bonito遗址被认为是查科大峡谷所有考古发现中最神秘的明珠。一面沿着南北轴线完全对齐的墙壁将村落分成了两片区域，在这道隔离墙的两边，分别建有一个巨大的大地穴。其他数十个大地穴则散落在村落之中，与遗址中的其他地方一样，它们可能也是用来举行宗教仪式的场所。Pueblo Bonito遗址中的数百座住宅与那些建于同时期的其他地区的建筑相比，存在不同之处：事实上，相对于其他文化中的住宅，这里的住宅内部空间更大；而且，有些墙壁的厚度达到了1米。

第194页图和第194～195页图　给百慕大三角这片海域的边界做精确的定义并不容易。但是，如果我们把那些船只和飞机在此神秘失踪以前，它们雷达上所显示的最终位置的数据整合到一起，就会显示出一片三角形的海域，它的三个顶点分别位于美国佛罗里达州的迈阿密、与百慕大三角同名的百慕大群岛，以及波多黎各的圣胡安。

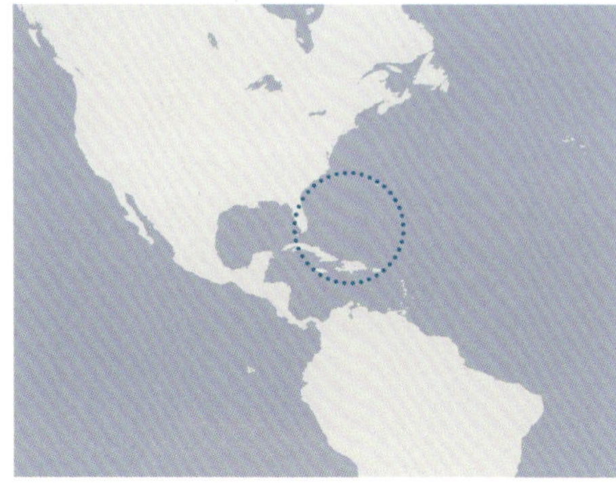

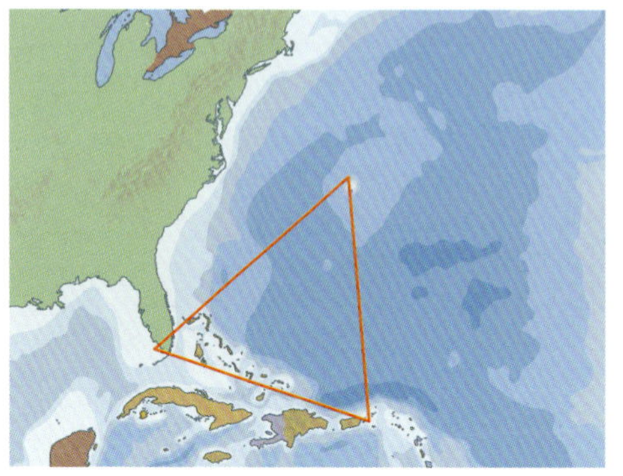

百慕大三角

（北纬26°37′ 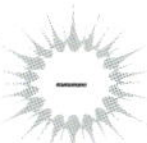 西经70°53′1″）

这是一片被灾难所笼罩的海域，是这个星球上最神秘的地区之一

大西洋中有一片海域被人们称作险恶的剧场，它被世界上最著名的传说之一——百慕大三角的诅咒所笼罩。百慕大三角的范围是一块南至波多黎各，西至美国佛罗里达州，北至百慕大群岛，以这三地为界线所围成的三角形海域。它是大海中令人不安的一部分。巨大的轮船、一整支空军中队，更重要的是，已有成百上千的人在这片水域中神秘失踪，而原因不详。

令人费解的事件似乎从远古时代起就在这片三角形的海域中循环上演了。在有海盗出没的时代，那些古代的水手们诅咒这里是马尾藻海的陷阱，在他们的描述中，这片海域上充满了神秘的幽灵船，船只一旦驶入便会变得航行困难，被困其中。但有一天，百慕大三角流传的恐怖传说真的发生了：1945年12月5日，在一个阳光明媚的日子里，整支美国空军第19飞行中队在此神秘失踪了。由5名军官和9名士兵驾乘的5架军用飞机，本来是在距离佛罗里达州海岸不远的地方进行一次简单的飞行训练，突然间，他们开始给控制塔发送令人困惑的信息：他们表示自己迷失了方向，他们的话含混不清，并称所有的飞行仪器都失去了控制，之后再也没有进一步的消息了。

为了赶往救援第19飞行中队，一架乘有13名机务人员的“水手”海上飞机从海岸直接起飞，但它从此也消失无踪了。在这些神秘事件发生后的几天时间里，尽管各种搜救飞机的飞行时间超过了4000小时，却连这6架飞机其中1架的一块残骸都没有找到。要是我们考虑到这样一个事实，这一切更加令人不安：第19飞行中队所驾驶的这种飞机其实是可以在海上降落的，并可以保持漂浮90秒；而这些飞行人员都经过培训，足以在60秒内离开飞机，他们甚至有救生筏可用。

但是，在百慕大三角凭空消失的飞机的悲惨清单还很长。即使只考虑那些最轰动的失踪案例，也可以列出以下这份扑朔迷离的名单：1947年，美国陆军C-54“空中霸王”战略运输机连同6名士兵神秘失踪；1948年，一架四引擎图多尔客机连同机上31人神秘消失；还是1948年，一架DC-3型客机连同机上32名乘客神秘失踪；1952年，一架英国约克运输机连同机组33人神秘失踪；1954年，一架美国海军“超级星座”号飞机连同机上42名海员神秘失踪；1963年，两架波音KC-135神秘失踪；1965年，一架C-119军用运输机连同机上10名乘客神秘失踪；1972年，美国东方航空公司的一架航班连同机上100多名乘客遇难。

然而，即使是那些巨型商用轮船和军舰，它们可谓航行于大海之中真正的庞然大物，其中有些却也在百慕大三角消失得无影无踪了。在这里，以下的名单仅罗列出了所有神秘失踪船只中的一部分：1800年，美国军舰“起义者号”连同船上340名乘客神秘失踪；1814年，美国军舰“黄蜂号”连同船上140名船员神秘失踪；1880年，英国皇家护卫舰“亚特兰大号”连同船上290人神秘失踪；1918年，“独眼巨人号”连同船上306人神秘失踪；1931年，“斯塔万格号”连同船上39人神秘失踪；1938年，“英澳侨民号”连同船上39人神秘失踪；1951年，战舰“圣保罗号”连同船上8人神秘失踪；1963年，“海洋硫磺皇后号”连同船上39人神秘失踪；1973年，“阿妮塔号”连同船上32人神秘失踪。

此外，在著名的探险家哥伦布的航海日志中，也显示出在百慕大三角有奇怪的现象发生，特别是他对1492年那次历史性的航海跨越所做的记载中。

1492年9月13日，星期四，这位伟大的航海家如此写道：“在这一天，黄昏时，罗盘的指针移动到了西北方向，而在早晨时，指针是指向东北方向的……”

两天以后，他又记录道：“当夜幕降临的时候，他们看到一道奇妙的火光从天上落下来，离船只有四五里格（长度单位，1里格约等于4.8公里）远。”又过了两天，他写道：“引航员考虑了一下情况，承认罗盘并没有指明正确的方向；海员们都很担心并且心慌意乱，虽然他们没有说什么。”

为了解开百慕大三角之谜，已经有诸多的假说被提了出来：包括“潮汐波说”，这种假说认为是海水突然喷发形成的巨型潮汐波将船舶击沉的；还有“外星人绑架说”，以及致命的“晴空湍流说”等。此外，根据最新的科学理论又引入了“甲烷水合物”的假说：这种观点认为，巨大的甲烷气泡会周期性地从海底喷发，其威力能够吞噬整艘船舶并点燃在低空中飞行的飞机。

墨西哥

奇琴伊察

（北纬20°40′ 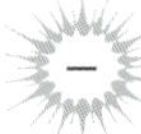 西经88°34′）

在世界末日的预言和迷人的建筑风格之外，这颗玛雅文明最辉煌的“心脏”尚未揭示其最后的秘密

当欧洲还生活在“黑暗时代”（中世纪早期）的时候，玛雅文明已经在墨西哥的尤卡坦半岛上蓬勃发展了：他们在热带森林中修建起了规模庞大的城市，其间遍布着非凡的金字塔和宏伟的庙宇。然而，在这些城市之中，有一座将宗教与天文学结合的程度比其他的城市都要高，它就是奇琴伊察。这座古城崛起在一片面积为3平方公里的土地上，它是玛雅文明最重要的遗迹之一。在奇琴伊察古城的遗址中，有许多别具一格并且极为迷人的伟大建筑，在它们之中，最神秘和著名的，分别是羽蛇神金字塔、椭圆形天文台、玛雅古球场，此外，当然还包括“献祭之井”。本书会在下篇文章中对这种独特的天然井进行专门的介绍。

奇琴伊察古城中最重要的遗迹是一座不可思议的金字塔，它的设计建造是与天文学紧密联系在一起的：在玛雅人的神话传说中，他们可以从羽蛇神（Kukulkán）那里获得知识，并且羽蛇神又是与雨季一同降临人间的，所以玛雅人十分崇拜它并期待它的归来。这座金字塔就是为了奉献给伟大的羽蛇神而修建的。它的设计极为精妙，在每年春分或秋分的那一天，当太阳光照射到金字塔西北方向的楼梯时，会在地面上投射出一个影子，看起来就像一条巨蛇。更神奇的是，在所谓的“世界末日”来临的那一天（2012年12月21日这个日期其实代表的是玛雅历法中第三个轮回的结束），羽蛇神金字塔西北方向的边缘会在阳光的照射下，在台阶上投射出一种戏剧化的光影效果，形成一条由七段等腰三角形构成的弯弯曲曲的影子，这个影子刚好可以与雕刻在楼梯底部的蛇头连接起来，从而显现出一条完整的巨蛇。有些人认为这是羽蛇神回归的迹象。

椭圆形天文台是奇琴伊察古城内另一座迷人的建筑，其名字中的“Caracol”一词，本意是“螺旋梯”，指的是天文台内部螺旋状的石头阶梯。这座天文台的入口设计在与每年春分那一天太阳升起时的光线对齐的位置，而其他部分的建造原理则对应着与月亮的运动和羽蛇神的传说有关的天文现象。在白天，玛雅人在这里研究太阳的运动，分析太阳光投射进天文台内部所形成的阴影；在夜晚，他们通过一只装满水的巨型石质容器来观察星星的倒影。玛雅人是知识渊博的夜空观测者；他们了解宇宙、恒星、行星的运动规律，并以此为基础建立起了他们那传奇的历法。而玛雅人渊博的科学知识又基于他们的宗教信仰。他们似乎意识到了我们的银河系是一个旋涡星系，并且，觉察到在它的中心存在着黑洞。事实上，对玛雅人来说，创世神是胡纳伯·库，它是一个表现为旋涡形状的图案，可以依靠其旋涡中心的强大爆炸来创造生命。有些人认为，这是一个明确的宗教隐喻，玛雅人信奉的创世神描述的其实就是银河系。

在奇琴伊察古城中，还有一座古代中美洲最大

第196页图　以查克莫石雕为代表，它是奇琴伊察古城中众多的谜团之一：这种雕像已在不同的地方被发现，它表现的是一个呈卧姿的拟人化身形，雕像的头部努力地转向右边，还有一种水平的东西在它的腹部上休息。石雕呈现的这种不自然的姿势意味着什么？为什么要将这种雕像复制几十个？

第196～197页图　羽蛇神金字塔在玛雅文明的遗迹中占据着最重要的地位，它也被称为卡斯蒂略金字塔或“城堡”。它不仅是整个尤卡坦半岛的标志，它简直就是奇琴伊察的一切，这座气势宏伟的建筑与天上的星辰紧密地联系在一起：在每年春分或秋分那一天，金字塔的边缘会在阳光的照射下向西北方向的阶梯上投射出一条巨蛇的影子。

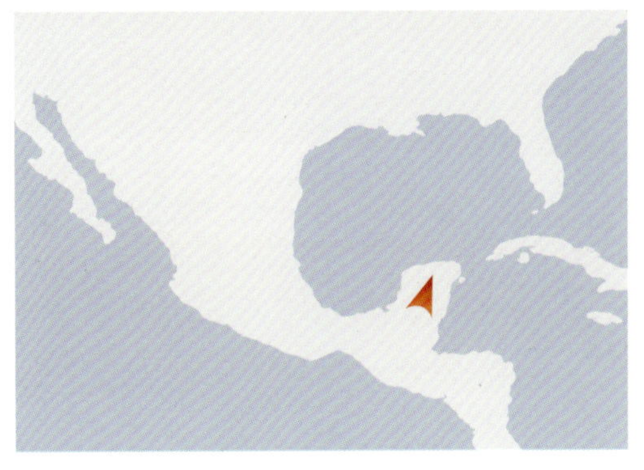

第198页图和第198～199页图　椭圆形天文台也被叫作“蜗牛”，它也许是奇琴伊察古城中最迷人的建筑：这座圆形建筑的内部有螺旋式的石头阶梯，可以通往天文观测点。实际上，它里面的每一样东西都是一个经过精心设计的天文台：该建筑的开口都朝外，这是为了便于研究太阳在经过天空中不同的位置时，从这些开口投射进天文台内部的影子；而恒星和行星的运行轨迹则是通过它们倒映在一个装满水的石盆中的影子来观察的。总之，正是在这里，诞生了传奇的玛雅历法的计算方法。

第199页上图和下图　世界上保存最完好的玛雅古球场无疑是位于奇琴伊察古城的这一座（虽然这里还有另外6座球场）。其运动场和看台几乎都处于完美的保存状态，即使是进球用的石环也是完好无缺的。目前尚不清楚，到底是输球一方的队长要在比赛结束时被砍头，还是与之相反，作为对神灵的献祭，这反而是等待着获胜球队队长的荣誉。

的球场，这块宏伟的场地长166米，宽68米，在它的四周有围墙，墙高近8米，整座球场都保存得十分完好。在这里进行的是一种非常暴力的比赛，但它却是玛雅人的最爱，他们将其视作一种神圣的运动。

比赛中，首先将球穿过石质圆环的球队便是赢家，该圆环被固定在距离地面约7米高的位置。然而，在奇琴伊察的球场中央，还竖立着一座令人毛骨悚然的面板，上面描绘着球赛运动员的斩首图；有些人主张这是输球一方的命运。然而，最新的一种解释却认为，被斩首的反而是获胜球队的队长。因为玛雅人认为，真正的光荣是能够将自己献祭给神灵：用一场胜利通向死亡，可被看作一种与神达到同等境界的方式。但也有人认为，玛雅人热衷的这种球赛实际上是一个精心设计的隐喻，目的是为了表现“岁差”这种天文现象：对于那些沉迷于星象的运动和天文历法的人们来说，这是极其重要的信息。

玛雅人怎么可能获得如此高度发达的天文学和建筑学知识呢？更重要的是，他们是从什么人那里学习到这些知识的呢？这些对我们来说仍然是一个谜。这种沮丧的反应，从探险家约翰·劳埃德·斯蒂芬斯的日志中也反映了出来，1841年，他曾这样讲述对奇琴伊察古城的发现：“我们正坐在墙壁的边缘，试图洞悉那围绕在我们周围的神秘，结果却是徒劳的。过去是什么人建造了这些城市？当你置身于古埃及城市的遗迹之中，甚至是在希腊彼得拉的废墟之中，即便作为外国人，也能知道建造了这些遗址的人们拥有怎样的历史。但是，当我们向这些印第安人询问这个问题的时候，他们单调的回答一直都是一样的，他们只道‘quien sabe’，谁知道呢？”

第200页图和第200～201页图 玛雅历法显示出玛雅人高度重视天文活动与陆地上发生的事件之间的关系。他们创制出了一种一年是260天的圣年历，在这种历法中，一年是13个月，每个月是20天，玛雅人将它与一年是365天的太阳历交叉使用。他们将象形符号与数值标志同时雕刻在一个石轮上，以此将圣年历与太阳历相结合。这个石轮转动一整圈是太阳历的52年，而玛雅历法中对一个轮回的计算，还要与第三种被称为“长历法”的历法相比较，当这三种历法都完成了它们的周期时，便代表一个轮回的结束。因此，曾被人们错误理解成“世界末日”的2012年12月21日，其实代表的是一个轮回的结束，而这个轮回开始于公元前3114年8月13日

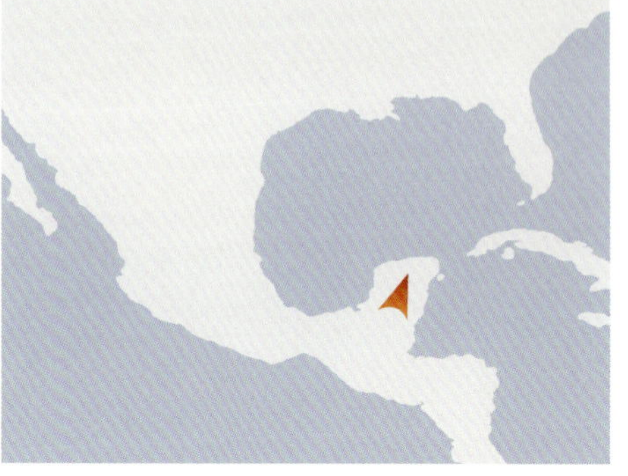

墨西哥

天然井的魔力

（北纬20°41′15″ 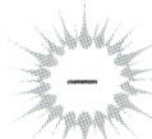 西经88°34′4″）

玛雅人最遥不可及的宝藏隐藏在地下洞穴交织成的网络中

古代那些最辉煌灿烂的文明都发源于伟大的河流附近：古埃及文明发源于尼罗河，古巴比伦文明发源于幼发拉底河，哈拉帕文明发源于印度河。然而，玛雅文明却并非如此。尤卡坦半岛上没有山脉，也没有地面河流，它的地形是由多孔的石灰岩构成的，因此，任何降水都会迅速渗入地表的深处，形成淡水井和丰富的地下水源。然而，如果不是一颗陨石在大约6500万年前降落到加勒比海中，带来一场毁灭性的陨石雨，把陆地表面撕裂出一系列参差不齐的洞穴，那么这些地下水源只能是可望而不可即的。如今，这些洞穴被称为“cenote”，它们是一种巨大的天然井。天然井对玛雅人来说意味着生存所必需的水源，不然在这片荒凉的土地上将难以为生，由于这个原因，它们被视作圣井。天然井为玛雅人提供了生命，并且他们相信，通过这些洞穴可以与古老的神灵沟通。在玛雅人的信仰中，那些古老的神灵就生活在地球母亲水下的深处。

据估计，如今在尤卡坦半岛上存在大约3万个单独的天然井：它们中有些很容易接近，有些在为考古学家们保留着，还有一些是未经勘探的。很多天然井都是由惊人的地下网络相互连接起来的，这是由地下洞穴、地下隧道和地下湖泊交织而成的网络，其中的一些非常雄伟。钟乳石和石笋联合形成尖顶，或紧密结合成圆柱，使这里的地下环境看起来就像水下的大教堂。

玛雅人与这些地下洞穴有着紧密的联系，他们在这些神圣的水域中举行重要的仪式。与此相关最早的报告来自迭戈·迪·兰达主教的日记。一方面，是他下令销毁了玛雅人珍贵的著作，导致那部分我们本来可以了解的重要历史被注销；另一方面，他给我们留下了一份他亲身观察到的纪实报告：玛雅人血腥的宗教仪式。对玛雅人来说，身体的痛苦是使他们有可能与神灵联系上的手段之一：因为这个原因，他们会对自己的身体施加可怕的伤害，等精神陷入恍惚后，将自己投入天然井，准备与神灵交流。他们也会把无价的珍宝投入天然井中，此外，也有幼童和婴儿被淹死在井中作为献祭。

根据这些故事，1904年，美国探险家爱德华·赫伯特·汤普森决定前去搜索玛雅人的水下宝藏。他在奇琴伊察古城的遗址中搜寻，这座城市是玛雅帝国最具代表性的中心之一。它的名字“奇琴伊察”（Chichén Itzá），意为“在伊察（人）水井口”。汤普森在这座古城中发现了两座天然井，便决定潜入水中去一探究竟。他使用了一件基本的潜水服、一支呼吸管，并将他的鞋子绑上重物。在尝试下潜中，他几乎丧失了听觉，但在下潜到超过40米深时，他发现了传说中所描述的一切：珍贵的金银珠宝和可怕的骷髅骨架，包括那些婴幼儿的尸骨。汤普森所探索的这座天然井就被称作“圣井”或是“献祭之井”。在不远处，他还发现了另一座天然井，它叫作“Xtoloc”，这座井是

第202页图　奇琴伊察古城中的“献祭之井”，相对其他天然井来说，不是很建议去参观它，但它是玛雅人崇敬的地方。这里曾是该地区最重要的神圣场所，玛雅人的庆祝仪式都在此举行：黄金、珍贵的宝石、动物以及人类的生命都被献祭给了这座“圣井”。因为玛雅人相信，古老的神灵就生活在水下深处。

第202～203页图　益吉天然井（Ik-kil Cenote）位于奇琴伊察古城附近，它也被称为“蓝色天然井”，其特点是水质呈现出一种明亮的蓝色。益吉天然井中的水不是由雨水形成的，相反，是由于喀斯特现象汇集而成的地下水。与其他天然井不同的是，这里有一条在岩石上切割成的阶梯，人们可以沿着这道阶梯到达水面，无须从井口跳水。

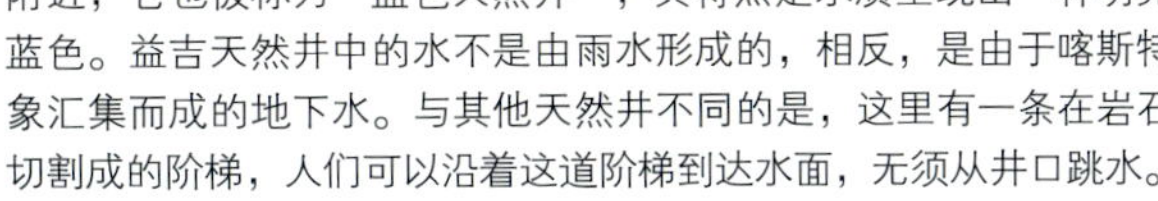

第204页图　格兰天然井（Gran Cenote）位于图卢姆——这是一座郁郁葱葱的天然井，沉浸在周围的绿色植被之中，如今它是当地家庭和孩子们喜欢的休闲场所之一。在它里面曾经发现了120个人类的头骨，它们是玛雅祭祀仪式存在人体献祭的证据。格兰天然井是Sak Aktun的一部分，这座白色的洞穴连接着一个庞大的喀斯特地下网络，该网络贯穿于整个尤卡坦半岛的地下。

第205页图　墨西哥的这些天然井被一个由地下洞穴和地下隧道交织而成的复杂的地下网络连接起来，它们中的大部分仍是未经勘探的。即使对于大多数的专家级潜水员来说，潜入这些天然井中去冒险也是可以致命的。然而，还是有很多人无视这些喀斯特地下洞穴的危险，前去寻找玛雅帝国的传奇宝藏。

用来给居民们提供水源的。经测量，“献祭之井”的直径为60米，深度超过了80米。为了进入它里面，你需要从距离水面大约20米高的地面跳入水中。在这座“圣井”的旁边，矗立着一座古老的建筑，可能是用来给被献祭的牺牲者们进行净化仪式的地方。如今，距离汤普森第一次大胆的潜水已经过去了超过一个世纪的时间，但即使是对那些最有经验的潜水者们来说，这些天然井依然代表着一种挑战。若将连接着天然井的那个由地下洞穴和地下走廊交织而成的庞大的地下网络展开，至少超过133公里：在整片地下区域中，大部分仍然是未知的。在那难以到达的地下洞穴中还隐藏着许多的宝藏。人类的骸骨和各种祭品已经在这里安然地保存了许多个世纪，即使是最大胆的掠夺者也被阻挡在外。这些天然井是名副其实的“时间胶囊”，藏在它们里面的秘密至今依然保存得完好如初。也许在不久的将来，利用我们现今尚想象不到的先进的科学技术，就可以成功地深入这些天然井的地下网络之中，而它们可能会向我们揭示出玛雅人众多的秘密以及随着他们的手稿一起被遗失在火焰中的伟大知识。

第206页图和第206~207页图　要想抵达这个“眼泪的房间”，需要先进入艾库哈天然井（Aktun Ha Cenote）中，它也被称为“洗车房天然井”，就位于距离图卢姆8公里远的地方。该天然井只有几米深，但是其水下的屏障却是一个由地下运河和洞穴构成的错综复杂而危险的系统，当绕开了它们以后，才能到达这个壮观的“房间”。它得名自它的发现者，当此人第一次抵达这里时，被它的美深深折服，泪水不禁夺眶而出。很多曾成功目睹这个“房间”的潜水者们都不禁感叹，这是一件大自然最令人印象深刻的杰作。

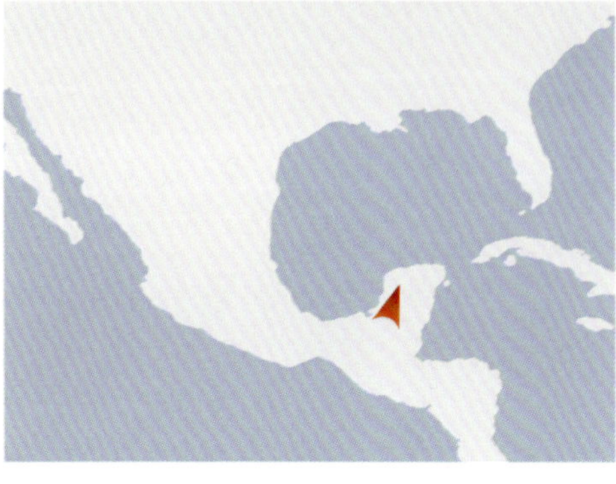

第208～209页图　从空中俯瞰，可以将这壮观的景色尽收眼底，我们能够欣赏到乌斯马尔古城遗址的全貌，以及“魔法师金字塔”和“修女四合院”之间的关系。后者的得名是源于西班牙征服者犯的一个错误，他们误把这座建筑当成了一座修道院。按照传统的玛雅风格，有两条很长的大蛇作为装饰环绕在它那74个房间的外围。

第209页图　“总督宫”是一座具有典型普克建筑风格的建筑物：其高度为18米，由三座建筑所组成。它的保存程度非常完好，令人印象深刻。在“总督宫”正面靠上的部分，镶嵌着传说中令人着迷的雨神恰克的面具。

墨西哥

乌斯马尔

（北纬20°22′ 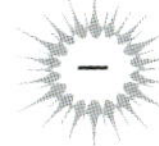 西经89°46′）

尤卡坦半岛上的珍宝之一，在它的名字中蕴含着令人难以置信的历史

乌斯马尔是一座古老的城市，它建造于玛雅文明的古典时期，联合国教科文组织已将它列为“世界文化遗产”。乌斯马尔坐落在墨西哥尤卡坦半岛上的一个丘陵地区，距离海洋约80公里。这座古城的建造特点是运用了一种称作“普克”的独特的玛雅建筑风格，这种风格的显著标志是使用大量的瓷砖将粗糙的石头覆盖起来，在这些瓷砖上都装饰着神圣的人物，并且，城中还有丰富的由石刻浮雕制成的装饰品，其雕工极为精致。

在玛雅人的语言中，“Uxmal”一词的意思是“建造了三次”。这片地区在远古时代就已有人类居住，但是直到7世纪时才建立起一座真正的城市，由希乌家族在此统治了很多代，直到公元10世纪时，该城被托尔特克人占领。在尤卡坦半岛上，水资源十分稀缺，由于这个原因，雨神恰克是所有神灵中最受崇敬的。但在1200年，乌斯马尔却被完全废弃了——可能是由于雨神恰克的狠毒，使该地区遭受了毁灭性的大旱——丛林很快就将它吞没了。随着时间的流逝，经过了漫长的7个世纪以后，乌斯马尔古城才得以重见天日。

该城所占的区域从南到北绵延超过1公里，从东到西延伸超过500米。城市中矗立着八组建筑物，它们有的是奉献给神的建筑，有的是象征权力的建筑，包括阿迪维诺金字塔、“修女四合院”、“总督宫”（其内部有一座不可思议的双头美洲豹造型的宝座）、“海龟宫”、古球场、“女巫宫”、墓地群、菲勒斯神庙，以及“鸽子宫”。

在被称作“总督宫”的建筑的前方是一座已破碎的独块巨石，它是一个顶端呈锥尖形的圆柱体，人们对它展开了沸沸扬扬的讨论：有人认为它是一种生殖崇拜的体现，还有人推测它是一个来自外太空的神秘物体，它降落到了这里并把自己钉在了地上。

然而，最壮丽的，也是最值得游览的建筑无疑是阿迪维诺金字塔（也被称为“侏儒金字塔”或“魔法师金字塔”），它以35米的宏伟高度雄踞于这片地区之上，是乌斯马尔古城中最高的建筑物。令它如

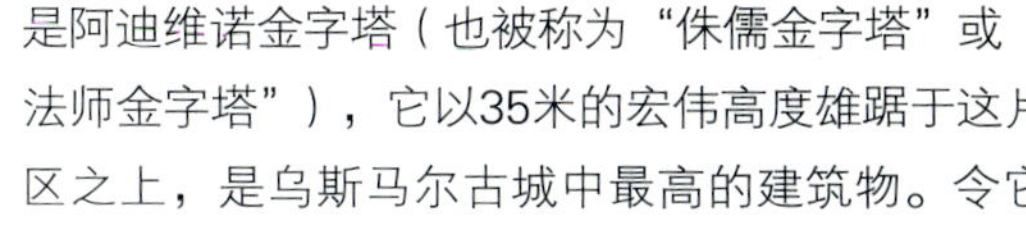

此独一无二的，是它那呈圆弧形的轮廓（只在乌斯马尔发现过这种特征的金字塔）和椭圆形的底座。在其底座的顶部，矗立着一座神庙，这座神庙完全由不祥的面具所装饰，它们表现的可能是强大的雨神恰克的颌部。在当地的传说中，是一个侏儒借助于他母亲的魔力手法，在一夜之间建成了这整座庞大的建筑物。也许这座神庙是为聆听神谕而修建的，里面曾有一位祭司预言家可以将神的旨意传达给人们。通过一条虚拟的线可以将“魔法师金字塔”和“修女四合院”的中心连接起来，其延长线正好可以标记出太阳经过天顶后落在地平线上的那一点。

根据人种学者斯坦斯伯里·黑格在20世纪上半叶所做的研究记载，这座神庙将头骨和骨头装饰在它的正面，表明该建筑是献给死亡之神的。此外，还有一条宽阔的大道通向金字塔的西面（正面），

据这位学者称，这就形成了一张张开巨口的人脸。这是象征性地描绘了死亡，象征着人们必须通过这个“鬼门关”，才能接触到发布预言的祭司。同时，金字塔还代表着天蝎座，这个星座也是与死神联系在一起的。黑格在乌斯马尔古城进行了广泛的研究，并在1921年发表了一篇关于黄道带和神庙之间存在对应关系的文章。他提出假说称：玛雅人认为自己的城市都是神圣的，并将它们按照天体的排列位置来设计建造。这是因为，玛雅人相信微观世界与宏观世界是对应的，并且，地球上的一切都只是对存在于宇宙中的完美实体的模仿或反射。乌斯马尔这座神圣的城市就是仿照天穹的布局而建造的，他们认为，这样就可以把一部分存在于宇宙中的完美吸引到自己的身上来。

通过对乌斯马尔古城地图上独特的建筑位置和图像学特点的研究，黑格成功地辨认出了这些建筑中的每一座与黄道12星座之间存在着基本的对应关系（只有水瓶座除外，因为除了一座已倒塌的小寺庙的废墟以外，没有其他的建筑与该星座对应了）。但可以肯定的是，玛雅人掌握的关于星空和时间的知识，其水平之高是令人震惊的，好比他们那复杂而极为精确的历法，以及他们预测日食和月食的能力，都是其知识水平的有力展示。然而，玛雅人是如何发展出这些知识的，他们的预言又有多少是正确的，仍然有待我们去发现。

第210页上图　“海龟宫”坐落在乌斯马尔古城建筑群的东北角。它宽10米、长30米，体积比其他的建筑要小一些：在它的檐口装饰有一系列的海龟石像。在玛雅神话中，海龟不仅与雨神恰克有联系，它还与玉米之神龙姆卡什联系在一起。

第210页下图　乌斯马尔古城中的球场坐落在“总督宫”与“修女四合院”之间。这是古代玛雅人热爱的一项比赛，为了获胜，两支球队都会拼尽全力率先将球射过石环。这座石环也保存了下来，它就竖立在看台的边上。根据碑文的记载，这种球场的场地结构具有十分悠久的历史，可以追溯到7世纪。

第210～211页图　在“总督宫”的心脏位置，放置着一座神话般的双头美洲豹造型的宝座。该宝座的两只豹头连接在同一个躯干上，考虑到宝座坐落的方向是与南北方向的轴线完全水平的，因此，其所在的平台很有可能是用作宗教仪式的祭坛。

墨西哥

特奥蒂瓦坎

（北纬19°41'33" 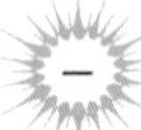 西经98°50'37"）

这座城市是神诞生的地方，它是墨西哥最大的谜团之一。
是谁建造了它？它又为何被遗弃？

许多个世纪以来，特奥蒂瓦坎一直是中美洲最大的都市。曾有一个人类文明在超过500年的时间里一直统治着古代墨西哥，特奥蒂瓦坎正是这个伟大文明的心脏，是它的发源地，即使到了今天，这个文明依然包裹在层层神秘之中。然而，它给世人留下了一份巨大的宝藏：包括成百上千件惊人的史前古器物以及艺术杰作。这些珍贵的文物向我们详细讲述着这个文明所拥有的灿烂历史和文化。在哥伦布发现美洲大陆之前，他们早已生活在这片土地之上，他们是世界上最迷人的古代族群之一。

特奥蒂瓦坎古城建立于公元前200年，如今它仍然是中美洲大陆上最庞大的考古遗址。一条宽阔的大道贯穿这座城市的中央，它的长度为2.5公里，在大道两边耸立着两座雄伟的金字塔：分别是月亮金字塔和太阳金字塔。后者周长900米，高71米，是世界上体积第三大的金字塔。但是，经过多年的研究和考古调查，许多问题仍未得到解答：什么人建造了这座伟大的城市？他们拥有怎样的故事？他们又为何突然遗弃了自己的城市？

特奥蒂瓦坎古城的遗址上有神庙、金字塔、雕像和面具：特奥蒂瓦坎的遗产是刻在石头上的，没有任何的书面记载留传下来。这令人难以置信，一个如此先进的文明竟然不通晓写作——除非是有人曾刻意地将这个文明的记忆永远地抹消了。最引人注目的是特奥蒂瓦坎的城市规划：该遗迹包括22平方公里的街道和丰富的建筑物。

特奥蒂瓦坎的建筑师们拥有高度先进的施工技术，例如一种被称为“talud-tablero”的建筑风格，它是由交替的水平平台与倾斜的墙壁所组成的。特奥蒂瓦坎是首次运用这种建筑风格的城市，后来，玛雅人以及中美洲许多其他族群才运用该风格来建造自己的金字塔。可是，后续没有哪个文明有能力建造出一座建筑，能够像特奥蒂瓦坎的建筑那样的宏伟壮观。

在特奥蒂瓦坎那些最令人难以置信的庞大建筑物之间，在两座献给太阳和月亮的伟大的金字塔旁边，有一座羽蛇神的神庙。这是一座体积相对较小的金字塔，却拥有丰富的浮雕和令人印象深刻的装饰品。以羽蛇神的精致蛇头雕刻为例，其重量可达1吨。而最初，这座神庙里曾有超过360个同样的蛇头。

特奥蒂瓦坎古城曾是一个非常重要的宗教中心：在西班牙征服者们到来以前，这里的人们曾经崇拜着各种各样的神灵，这些神灵后来又被许多其他地方的人们所崇拜。它是一个真正的帝国首都，特奥蒂瓦坎曾经是一座世界型的大都市，并且坐落在重要的贸易线路的中心。它的文化深深地影响着中美洲所有地区的人们，包括玛雅人和阿兹特克人。很长时间以来，人们一直相信特奥蒂瓦坎的居民是爱好和平的，但最近更多的考古发现，如壁画和战士的雕像却揭示出了与此观点相悖的事实。就像在哥伦布发现美洲大陆以

第212～213页图　太阳金字塔是耸立在特奥蒂瓦坎古城中最高的建筑：经测量，它的一面边长大约为223米，其高度超过71米。它是世界上体积第三大的金字塔，仅次于墨西哥的乔卢拉金字塔和埃及的胡夫金字塔。太阳金字塔内部的洞穴是不向公众开放的，特奥蒂瓦坎的古代居民们认为这里是众神创造世界的地方。

第213页图　“亡灵大道”是指那条穿过特奥蒂瓦坎遗址中央的宽阔大道，它将各座古代堡垒与月亮金字塔连接起来：其长度为2.5公里，笔直地沿着南北向轴线修建。沿着“亡灵大道”，一系列台阶地依照土地的坡度而建：在古代，它们是特奥蒂瓦坎的居民们集会的广场；这些台阶地是先于这条大道建造的。该大道还连接着数量惊人的神庙，它们广泛地修建在这片神圣的地区上。

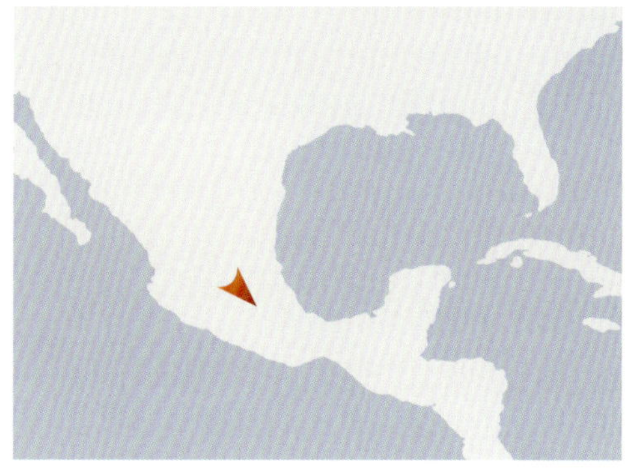

第214页图　近年来，在太阳金字塔和羽蛇神金字塔的基座处都发现了人类的遗骨——那些被斩首的人的双手都被绑在了背后，如今，这些遗骨在墨西哥市的人类学国家博物馆中展出——这一发现让人们不禁想到，那种用人类作祭品的血腥祭祀仪式一定也发生在特奥蒂瓦坎。这可能还与曾在这一地区发现的大型匕首之间存在联系，这种匕首是由黑曜石制成的，正是某种宗教仪式中使用的工具 。

前的时期里的许多古代城市一样，特奥蒂瓦坎也曾举行过血腥的宗教仪式，包括用人类献祭。

近年来，考古学家们在太阳金字塔和羽蛇神金字塔的底座均发现了一些被斩首的人类骨架，而这些人的双手是被绑在背后的。这不禁令人联想到了各种传说中所描述的祭祀场景：牺牲者血淋淋的心脏被巨大的匕首刺穿时的恐怖画面。而在这里，也确曾发现过一些大型的匕首：它们被加工成一种令人不安的外形，具有锋利的黑曜石刀刃。这些匕首正是用于祭祀仪式的工具。

在特奥蒂瓦坎的扩张达到高峰的时期，这里曾有大约20万人，这些居民生活在超过1000个住宅聚集区中。而留存至今的，是特奥蒂瓦坎古城中大规模的古建筑和巨大的艺术珍品，包括壁画、陶瓷装饰品、雕像和催眠面具。这种面具上的人脸是通过一种程式化的形式表现的，其特征是都具有精确的几何学比例和不可思议的人物表情。这些面孔刻画出的表情是一种具有高度象征性的艺术，能够传递庄严和镇定的感觉。

特奥蒂瓦坎大约在5世纪达到了发展的高峰，但是它却在仅仅两个多世纪以后便被完全地废弃了。这座令人难以置信的城市衰落的原因仍然是一个谜，就如同它的起源，以及建造并统治了它却没有留下任何书面记录的那个神秘的文明一样，依然是难解之谜。而最后，这个被阿兹特克人用纳瓦特语叫作“特奥蒂瓦坎”（意为“众神之城”）的城市，它真正的名字是什么？是什么神灵居住在这里？

第214～215页图　月亮金字塔是特奥蒂瓦坎古城中规模第二大的建筑遗迹，最大的建筑是太阳金字塔，它的体积大约是月亮金字塔的两倍。月亮金字塔的外形似乎是仿照塞罗戈多山（它的字面意思是“胖山”）设计的，这座山的地核比太阳金字塔的更为古老。月亮金字塔的顶部曾被用来举行向众神致敬的神圣祭祀仪式。

第216～217页图和第217页图　包括羽蛇神的神庙和羽蛇神金字塔在内的这座建筑遗迹是特奥蒂瓦坎古城中体积第三大的建筑物。在它的脚下，埋葬着超过200名人类祭祀牺牲者，据考证，这些人生活在公元前200年到公元前150年。这座6层高的金字塔被代表羽蛇神的浮雕所覆盖，其浮雕数量估计有360多个。并且，在这些蛇头的下方一排，这条传说中的大蛇的整体轮廓都呈现在了浮雕之上。

墨西哥

奥尔梅克人

（北纬18°6'12" 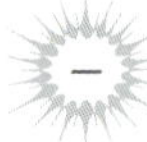 西经94°2'25"）

巨大的石头面孔似乎在向人们揭示一段从未公开的古老历史

西班牙征服者曾统治和占领中美洲地区长达数个世纪的时间，然而他们却从未听说过奥尔梅克人。西班牙人知道印加人、阿兹特克人、玛雅人，虽然并非了解这些文明全部的秘密，但他们却从来没有想过，这些人竟是同一个神秘文明的后裔。传奇的奥尔梅克人曾是一个非常强大的族群，却被数十代人所遗忘。

“奥尔梅克”（Olmec）这个词语起源于阿兹特克人所讲的纳瓦特尔语，它的意思是“橡胶人”，这是指在奥尔梅克人的领土上生长着许多橡胶树。奥尔梅克文明似乎出现于公元前1200年左右，主要分布在墨西哥的三大文明中心：圣罗伦索遗址地区、拉文塔遗址地区和特雷斯萨波特斯遗址地区。但是，奥尔梅克文明的影响远远超越了这些地区的界限，它还传播并渗透到了危地马拉、伯利兹、萨尔瓦多、洪都拉斯、尼加拉瓜和哥斯达黎加的所有地区。

一首古老的玛雅诗歌叙述了奥尔梅克人是怎样从一片多雨和多雾的土地来到这里的，但对于他们出现的时间却没有提起，诗中这样写道，“在某个时代，没有人能够计算它，没有人能够记得它”。而至于奥尔梅克人为何在公元前400年左右突然消失，这也依然是一个未解之谜。

奥尔梅克文明的发现主要归功于考古学家马修·斯特灵。在履行史密斯森学会（联合国博物馆）的使命时，他成功地挖掘到了这个令人难以置信的已消失的文明的遗迹，并且将其年代鉴定为出现于当时所有已知的其他文明之前。

其中最著名的发现，无疑是那些巨大的石头面孔，从那时起，它们便成为被遗忘的奥尔梅克人最典型的图标：17颗巨大的雕刻头像，分布于圣罗伦索、拉文塔和特雷斯萨波特斯三片地区。这些激动人心的作品是用玄武岩雕刻而成的，关于它们那一系列的面部特征代表着什么，引发了人们的怀疑和想象：这些面孔不是印第安人，相反，在圣罗伦索发现的头像有亚洲人的特征；在拉文塔发现的头像有非洲人的特征；甚至在某些石碑上，还发现了像是描绘欧洲人面部特征的雕刻作品。一方面，人们很难相信这种现象是由于古代的奥尔梅克艺术家们对人体结构塑造不精确所犯的错误。因为，从他们在其他雕塑作品上的表现来看，奥尔梅克人对完美地展现出人体或动物体的结构细节几乎达到了一种痴迷的程度。那么，他们为何偏偏在这一系列头像的塑造上出错呢？另一方面，我们又很难去设想，奥尔梅克人把这个星球上其他真实存在的人类的特征复制了出来，这仅是出于偶然。因为，至少通过我们已知的历史来看，在那个时代，生活在中美洲的古代居民们应该还完全不知道世界上有其他人类的存在。

奥尔梅克文化的发展历经了8个世纪，虽然他们的历史在很大程度上仍然是未知的，但是，他们的一些思想已在所有连续的文化中留下了标记，并且得到了详尽的说明。

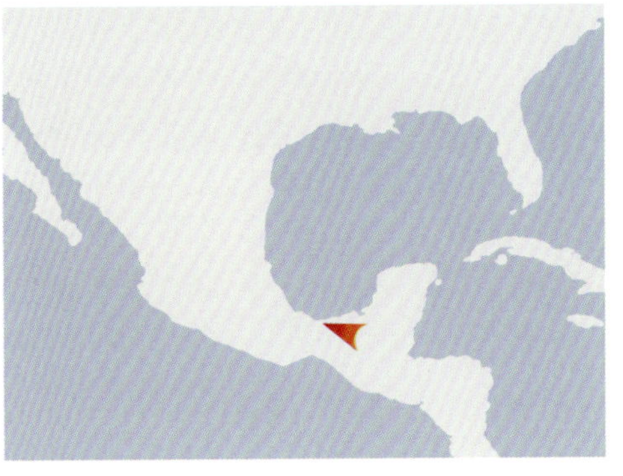

第218页图和第218～219页图　拉文塔博物馆公园位于墨西哥的比亚埃尔莫萨。这里集中收藏着最大规模的奥尔梅克文明的考古发现。这些考古发现都是从位于维曼吉约市的拉文塔考古遗址中出土的。其中，最著名、最值得一看的，是那些由玄武岩雕刻而成的巨大的奥尔梅克头像，它们大约建造于3000年以前，已被遗忘在墨西哥的丛林中达数个世纪之久。在墨西哥一共发现了17座这样的巨石头像；其中有4座是在拉文塔发现的；这些头像大约有3米高，重量达数吨。

第220页图　在拉文塔博物馆公园里，有7座用玄武岩制成的祭坛；它们宽约4米，高约2米，在祭坛的中心都设有一个神秘的人物。在图中这座被称作“胜利祭坛”的中心，有个生物就固定在一个怪物的上、下颌之间，手里拿着一根缠绕住祭坛基座的脐带。

奥尔梅克人显然是突然消失的，也许正是他们所掌握的知识给玛雅人揭开了星空和历法的秘密。与生活在同时代的其他人类文明截然不同的是，奥尔梅克人更像是生活在“未来”的人，并且，他们懂得使用如车轮、镜头和星盘等“超前”的工具。

在各种线索的基础上，人们对奥尔梅克文明提出了很多富于幻想的假说，当面对一个被称作“国王”的浮雕时，这些假说似乎都能得到验证。在一个名为“Chalcatzingo”的奥尔梅克考古遗址，人们发现了一幅直接雕刻在山壁上的浮雕，它所表现出的奇怪场景，使它能被解读成各种不同的意思。其中一种最近乎科幻小说的解释认为：浮雕上的各种象形符号分别代表的是云团、降雨，而在其中心，是一艘正在空中航行的大型“飞船”，在它的身后留下了一个巨大的尾迹。驾驶着这艘“飞船”的是一位国王，他正手握一个类似变速杆的物体。这幅浮雕生动得就好像是雕刻家用眼睛将眼前发生的景象“啪”的一下永久地拍摄成了石壁上的相片一样。

唯一能够确定的是，在公元前400年左右，奥尔梅克文明突然消失了：他们的城市被摧毁，那些雄伟的雕像也被推倒、斩首并埋葬了起来。和这个在整个拉丁美洲地区最神秘的族群一起，他们所有古老的秘密也随之消失了。

第220～221页图　在“胜利祭坛”的前方，我们看到的是第5号祭坛：两者的不同之处是它们的中心人物。该祭坛的中心人物的双手上似乎抱着一个“豹人”婴儿的尸体。在其右侧的石壁上，似乎雕刻着一些活的“豹人”婴儿。有些人认为，这是在暗示着用孩子献祭。

第221页图　这座“美洲豹祭坛”可能是向萨满教的神灵献礼的作品，据说此神可以化身为美洲豹这种神圣的猫科动物。另外，它也可能是被奥尔梅克的国王们用作王座的石雕作品。

第222页左图　这座考古发现的绰号是“La Abuelita”，它的字面意思是“小老太太”。该雕像是从拉文塔地区的奥尔梅克遗址中发现的，后来它被正式列为第5号遗迹。在各种各样被构想出的假说之中，有一种假说认为这座雕像表现的是一个侏儒，因为该雕像的高度刚刚超过1.4米。

第222页右图　这座雕像也是在拉文塔地区的奥尔梅克遗址被发现的，它被列为第56号遗迹，并更名为“Mono Que Mira Al Cielo”，意为“仰望天空的猴子”。它高124厘米，但是尚不确定如今它这种“站立”的姿势是否是该雕像原始的姿态：它也可能本来是被水平放置在周围的某个建筑物里面的。

第223页图　这座称作“总督”的雕像同样出土于拉文塔地区的奥尔梅克遗址，并被编号为第77号遗迹。事实上，尽管它的高度几乎不到1米，但它的重量却超过了12吨，并且，这座雕像的保存状态近乎完美，展示了奥尔梅克文明高超的雕刻水平。同时，它的象征意义也不同寻常，至今尚未被完全破解：在整个雕像人物的胸部和腰部都装饰着十字形的符号。

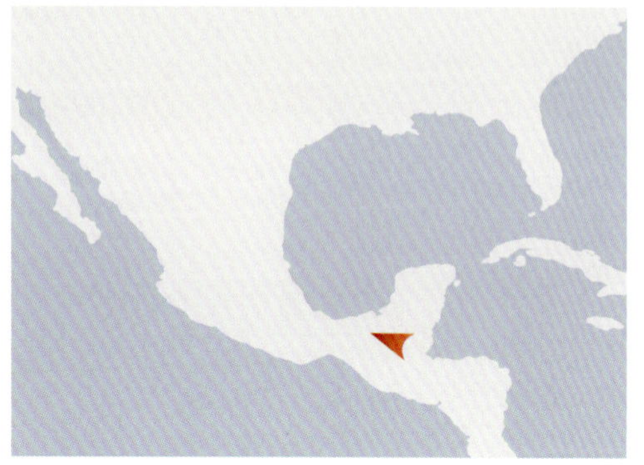

帕伦克

（北纬17°29＇3＂ 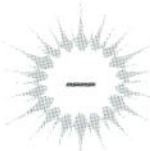 西经92°2＇47＂）

在最令人惊叹的玛雅遗址中心，神圣的墓葬中隐藏着一块神秘的碑铭

恰帕斯州是墨西哥最贫穷的州之一，但它却拥有丰富到不可思议的神秘考古奇迹。其中一个主要的景点是帕伦克古城，它是玛雅文明的重要遗迹之一。1567年，传教士佩德罗·洛伦佐发现了它，并将它命名为“帕伦克”，意为“堡垒”。在帕伦克古城中，最重要的建筑遗迹分别是碑铭神庙、“宫殿”和十字架神庙群。如今整个遗迹面积绵延超过3平方公里。然而，许多说法认为这仅是帕伦克最初面积的1/10，而古城的大部分仍被隐藏在森林中。

帕伦克古城中被称作“宫殿”的遗迹是一片建筑群，它们通过一个由庭院构成的网络相互连接，坐落在整个考古区域的中心。而十字架神庙群是多座金字塔形的神庙的组合体，在神庙上都雕刻着浮雕，描绘的是当地神话中的主要事件。

碑铭神庙是为古代帕伦克传奇的帕卡尔国王所修建的一座宏伟的陵墓。该神庙得名自其内部一块不可思议的由象形文字写成的碑文：这块碑文中所记载的内容，是所有玛雅城市中第二长的。这座建筑的下部是一座矩形底座的金字塔，其高度近30米；在底座的顶部矗立着一座11米高的神庙。用于建造这座神庙的石块中，有些巨石的重量甚至达到了15吨，并被神奇地放置到了庙顶。但是，神庙的地基才是这座建筑最珍贵的宝藏。1952年，墨西哥考古学家阿尔贝托·鲁兹·鲁里耶在检查神殿的地板时，他设法移动了其中的一块石板，在那下面竟隐藏着一条意想不到的秘密通道。一条不可思议的楼梯展现在了这位考古学家的脚下，它一直通向帕卡尔国王传奇的陵墓——这座陵墓后来被定义为“整个中美洲地区最重要的坟墓”。在这里，考古学家们发现了一座珍贵的巨型石棺，在它上面雕刻有丰富的装饰图案和浮雕。

其中，那块覆盖住帕卡尔国王石棺的石棺盖最大限度地引发了研究人员们的想象，从此，它被称为“宇航员之石”闻名于世。这块大石板上的浮雕描绘了一个人，根据那些近乎科幻理论的支持者们的说法，那个人似乎是在驾驶着一种带有火箭推进器的航空器。他的拳头里像是握着一根变速杆，并且，在这个像航空器的物体的尾部，能够辨认出一个喷发着火舌的发动机。

还有些人声称他们从这幅浮雕中辨认出了一个飞行员的座位和一个呼吸面罩，总的来说，他们相信那是一架符合空气动力学的流线型的航空器的机身。

埃里克·范·丹尼肯曾在其出版于1968年的一本著名的、带有高度批判性的书中断言，这块棺盖石是古代墨西哥存在外星文明的确凿证据。显然，科学界反对他的说法，并给他的文本贴上了“荒唐可笑”的标签。不同的是，考古学家们却认为这块石板上的浮雕所表现的人物应该是一位祭司——或者是死于公元683年的帕卡尔国王——其画面所捕捉的应是此人离开人间进入来世的那一个瞬间：因此，这个人物不是在展开星际旅行，他仅仅是在体验死亡。归根结底，也许上述两种情形在玛雅人的眼中相差并不多。因为，古代玛雅人极度地关注天体的运动和星座的完美，他们一定已经在地球上研究和复制过这些天文学知识了。也许正是这样，玛雅人才建成了那些像这座非凡而神秘的帕伦克古城一样永恒的杰作。

第224～225页图　在帕伦克古城的十字架神庙建筑群中，包括太阳神庙、十字架神庙和叶状十字架神庙。在它们之中，十字架神庙的顶层是最适合欣赏美景的位置。这些神庙都是建立在一种阶梯金字塔的底座上的，而它们的“十字架”与基督教中的十字架完全无关：它们代表的是传说中的创世树，在玛雅人的神话传说中，创世树生长在世界的中心。

第226页左图和右图　通往石棺室的入口在碑铭神庙之内，要经过一段长长的秘密楼梯才能到达：顺着这段楼梯而下，你可以重新体验考古学家阿尔贝托·鲁兹·鲁里耶在1952年最初发现它时的感受。当时，他正是沿着这段楼梯向下，找到了玛雅墓葬中有史以来最重要的伟大发现：帕卡尔国王的陵墓。那些神秘的碑文直到今天仍然是未解之谜。

第226～227页图　碑铭神庙位于整个帕伦克建筑群中的最东部，神庙修建在一座巨大的矩形阶梯金字塔的底座上，其底座宽60米，高近30米，而神庙本身又向上延伸出11米高。其地下是一个单独的古墓遗址，那里是帕卡尔国王的陵墓。在墓室中，除了那座引人联想的石棺，它的建造年代大约可以追溯到公元675年，还发现了玛雅遗迹中内容第二长的象形文字碑文。

第228页图　帕伦克古城中的考古发现可能代表着玛雅文明的艺术顶峰。那些用玉石创作的雕刻品或是石膏上的画作，可与同一时期大洋彼端古罗马的艺术水平媲美。玛雅人的艺术作品具有强烈的现实主义风格，甚至能感动数个世纪之后的观赏者，这幅石膏面具就是其中一个很好的例证，它生动地刻画出了一张神秘的男性面孔，该面具被发现于太阳神庙中。

第229页左图和右图　著名的“宇航员之石”是覆盖在帕卡尔国王石棺上的大石板（棺盖），这位国王的石棺位于碑铭神庙内的密室之中。根据古天文学爱好者的想象，这块石板上的浮雕描绘的是一个宇航员在操纵一架宇宙飞船，在他的手中握着操纵杆，并且，在飞船的尾部还有一个喷发着火舌的发动机。然而，考古学家们却认为该浮雕表现的是帕卡尔国王走向死亡时所经历的神圣旅程。

神秘的石球

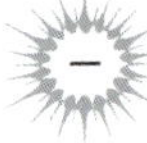

（北纬8°42′20″ — 西经83°52′43″）

神秘而完美的石球在各地出现，它们的故土在哥斯达黎加

哥斯达黎加是中美洲的一个小国家：它的人口只有400万，每年却有100万人次的游客前来参观游览。这些游客大多数是被哥斯达黎加那如田园诗般的自然美景吸引来的，但是，另外一些人来到这里是为了搜寻那不可思议的未解之谜：这种出现在哥斯达黎加的神秘石球，被当地人称作“Las Bolas”，其西班牙语意为“球”。

故事开始于1930年，当时这种石质圆球是被挖掘机以一种令人印象深刻的频率挖到的，它们令人无法解释：它们的球体形状过于完美，不像是人造的，但若说它们是自然的产物也未免太令人难以置信了。后来，这些石球在各地被陆续发现，尤其是沿着Diquis河的走向，在南帕尔马地区惊人地集中。其中，体积最小的石球直径为1.5米，而体积最大的石球直径超过了2米；它们都是由花岗岩制成的，并且其重量超过20吨。除了它们的固有性质外，石球的发现地也给人们提出了诸多难解的问题：实际上，发现石球的河流三角洲距离最近的花岗岩采石场有50公里远。什么人能够将如此体积的石球运送过这样崎岖不平的地形？人们在试图了解这些石球的过程中还遇到了一个问题，这些石球是永恒的：不可能给它们鉴定年代，石球上没有任何题字，它们与任何已知的文明都没有联系，而且，也不能凭直觉猜测出它们的用途。然而，成百上千个这样的石球散布在哥斯达黎加全国各地。学者们无法提出明确的假设，仅能通过间接的储量来评判，他们认为这些石球出现的时间可以往前追溯2000年。但是，从这些史前古器物所显示出的完美程度来看，制造它们所用的技术仍然是不可思议的：这些石球被完美地打磨而成，并且，它们精确地复制出了基本几何体的形状。

另外一些学者则保持这样的观点，他们认为这些石球原始的分布位置可能是为了复制天空中星座的排列。但它们最初的位置在数个世纪的历程中已发生了改变，特别是那些重量较轻的石球，它们很多如今已被用来装饰道路和各种城镇及村庄。也许，所有的石球都来自一个已经消失的神秘文明，这个文明比玛雅人的出现还要早几千年。

鉴于缺乏坚实的科学依据作支撑，各种天马行空的理论已汇聚成了相关的假说领域：其中，最著名的假说是由一位爱沙尼亚的学者伊凡·扎普提出的，他借鉴了美国考古学家萨缪尔·洛斯罗普的研究成果。在洛斯罗普的研究中，提到这些石球是在埃维塔被发现的。埃维塔是一个位于太平洋沿岸的地区，它与大西洋中的一座岛屿同名。根据这一解释，扎普进而发现：若在地图上将这两个同名为“埃维塔”的地方连成一线，该连线会通过一座名为博拉斯（Bolas）的村庄，以及海拔为3819米的大奇里波山（它是哥斯达黎加境内的最高峰）。因此，这些石球的排列位置可能是构成一张航海地图的坐标点，尽管这只有从空中俯瞰时才能被发现。

说到大奇里波山，在它众多的登山小径中，有一条被当地人称作“制金机埋葬之地”的小径。这个名字来自一个民间传说。相传，曾有一个传奇的飞行“物体”被埋在了这座山峰的山顶上，而这些经过完美抛光的石球所反射的光，可以为这个飞行“物体”组成一幅令人难以置信的航测图。此外，各种异想天开的理论都相继提出过，但没有一个能对围绕着石球的所有疑问作出圆满的解释。我们只知道这些石球非常古老，而它们的秘密似乎可以抗拒时间的流逝，就像它们的花岗岩材质一样，至今依然保存得毫发无损。

第230页图和第231页图　哥斯达黎加的石球被列在了联合国教科文组织评选的世界文化遗产保护地的候选名单上。对于看似简单的石球来说，这是一项令人惊奇的认可。但正是它们的简单、球体形状的完美，在挑战着研究者们：这些石球究竟是人造还是大自然的神秘杰作？

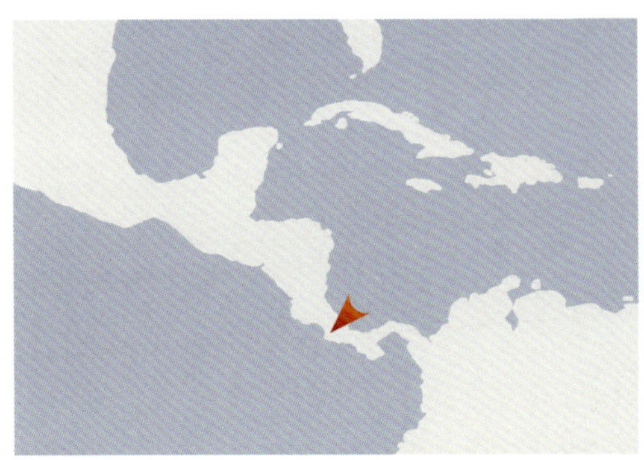

巴西

埃尔多拉多

（坐标 — 不详）

亚马孙丛林中隐藏着南美洲最惊人的宝藏，对它们的搜寻从未停止

“埃尔多拉多”这个名字属于一个消失的城市，据说那里遍地铺满黄金。在传说中，那是一个由神创造的世界，保存着我们这个星球上最为古老的知识。人们好奇这个神话是否有真实的依据。埃尔多拉多仅仅存在于人们的幻想之中吗？或者这个令人着迷的城市真的隐藏在某个地方？各种各样的人都曾试图寻找过这个传说中失落的黄金之城。

在众多的搜寻者中，英国陆军上校珀西·福塞特是最出名的一位，他为了埃尔多拉多的传说付出了生命。福塞特上校曾经穿越了地球上最鲜为人知的区域，或许他就是著名的系列电影《夺宝奇兵》中印第安纳·琼斯这个角色的创作原型。1901年，福塞特上校受皇家地理学会派遣，前去绘制南美洲的地图。在对这一地区的探索途中，他得知存在一份传说中的手稿，上面记录着通往埃尔多拉多藏世之地的路线。

关于埃尔多拉多的传说诞生于16世纪，当时的罗马帝国皇帝兼西班牙国王查理五世决定派军队深入南美洲的殖民地去搜寻宝藏。到了1536年，国王获报了一位土著酋长的故事，据说，这位酋长喜欢在潜入礁湖前将全身涂满金粉。因此，国王下令组成一支百余人的远征军，前去找寻那难以捉摸的埃尔多拉多城。起初，他们认为它位于佛罗里达，后来判断它是在委内瑞拉，但也有可能在秘鲁和玻利维亚之间，最后，这些远征军来到了巴西的亚马孙热带雨林之中。据说，希特勒也曾派探险队到亚马孙流域进行秘密搜索。

2001年，意大利人类学家马里奥·伯利亚在罗马耶稣会的档案中发现了一份不同寻常的手稿，里面讲述了一个传奇的失落之城就隐藏在亚马孙热带雨林的一处瀑布内。在这份起草于17世纪的手稿中，耶稣会神父安德里亚·洛佩斯写道，他已经发现了这座城市，并要求把这一消息通报给教皇本人。

在里约热内卢的巴西国家博物馆内，保存着另一份同样古老且引人注目的文件。这份文件被称为“512手稿”，是一位葡萄牙士兵在1753年写下的日记，里面讲述了他在一次勘探任务中，从巴西境内进入热带雨林，闯进了一个丛林环绕的城市，那里绚丽多彩得令人难以置信。他特别描述了一个圆形的广场，它的中央放置着一座由玄武岩制成的巨大雕像，指向着北方。而且，在那里到处可见天文学的标志和对太阳系行星的描绘。

1920年，珀西·福塞特手中不仅有“512手稿”，还有一座玄武岩的小雕像——他认为这就是手稿中描述的那座巨型雕像的缩微品。小雕像上刻有22个字母，其所属的语言不为人知，但同样的符号也出现在“512手稿”之中。福塞特相信，这就是埃尔多拉多存在的证据。他组织了两支规模庞大的探险队前往亚马孙地区：一支前往马托格罗索，另一支前往亚马孙东北部。然而，马托格罗索是一个浩瀚无际且无法穿越的区域，想从这里发现秘密十分困难。福塞特故而向土著部落寻求帮助，他与土著居民一起生活，获得了他们的信任，并且通过考验加入了土著族群。最终，他设法得到了有关埃尔多拉多的资料，这座失落之城就位于隆卡多山脉，地处兴谷河和阿拉瓜亚河之间一片未开发的广阔区域之中。印第安人相信这一地区居住着奇怪的精灵，是一块不容亵渎的圣地。关于这个地区，我们只听说过“Gruta dos pezinhos”，意为“小脚丫的洞穴”，这是一片已有数千年历史的考古遗址，那里曾发现过令人称奇的稀奇古怪的脚印（两趾、三趾、四趾和六趾的脚印都有）。如今，这里是一个军事基地，禁止公众进入。

福塞特相信他能够成功找到埃尔多拉多，尽管印第安人已经告诫他不要冒险闯入隆卡多山脉。探险家福塞特的最后一封信写于1925年5月29日，收信人是他的妻子尼娜，他在信中写道：“我们现在位于死马营地，1920年我的马就死在这个位置……我希望我们的行程能很快继续，能最终到达我们多次讨论过的瀑布……我很好。我用坚定不移的热情来弥补自己的年迈体衰……你永远都不必担心我会失败。”

福塞特上校和他的探险队从此再无消息，他们的命运也变成了不解之谜。有人认为他们是被隆卡多山脉中未开化的野蛮人杀害了；也有人宁愿相信这些探险家们真的找到了传说中的黄金之城，而且，他们至今依然在埃尔多拉多等待着世上有其他人找到这里，与他们相聚。

第232～233页图 隆卡多山脉雄伟而壮丽，它位于巴西马托格罗索州的亚马孙丛林中。

第233页图 人们最后一次听到珀西·福塞特的消息是在1925年，当时他正在“死马营地”附近的一条河边和隆卡多山脉的原住民在一起。从那以后，他和他探险队的同伴们便杳无音信了。

秘鲁

纳斯卡地画

（南纬14°43′ 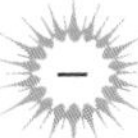 西经75°8′）

这些画在荒无人烟的沙漠中的巨大图案是给什么人看的？
在古代，什么人能够从如此高空观看这些图案？

在覆盖范围达300平方公里的秘鲁沙漠上，贯穿着世界上独一无二的泛美高速公路，它的全长为27000公里。但是，这一地区的重要程度还来自其他的原因——比著名的泛美高速公路古老得多的原因。为数众多的飞机飞越这片地区，都是为了瞻仰一处不可思议的考古遗址——纳斯卡地画，联合国教科文组织于1994年将它列入了世界文化遗产名录。

神秘的纳斯卡地画是秘鲁考古学家胡里奥·特略在1926年发现的，但它得以扬名天下却要归功于美国地理学家保罗·柯索，他在1939年驾驶一架小型飞机飞过此地时发现了这些地画。从地面上，人们无法看出地画的形状，只能看到土地中那些连续不断的又细又浅的犁沟。若登上该遗址附近所修建的高14米的观光塔，看到的画面会好一些，但其形状也不明显。只有飞到空中，才能清楚地看到200多幅图画和超过13000个几何图案，它们令人费解地涂画在秘鲁的沙漠之上。这些地质印痕的尺寸非常巨大，最小的有25米，最大的可达275米。

尚无法确定这种极度奢侈的人工作品的创作年代。据推测它们的历史非常古老，也许只有这片地区特定的干燥气候才使这些地画没有在漫长的岁月中被擦除。每年，在这片高度矿化的地表上，其日照时间超过1200小时，形成了高度达1米的热真空带，因而地面的土壤不会被风触动。

传说般的纳斯卡地画是一种雕刻在地面上的浅浮雕，其深度在7至10厘米。官方的考古研究认为，地画的创作者是古代纳斯卡人，这是一个古老的原始部落，据推测，他们在印加文化出现之前几个世纪就神秘消失了。一般认为，刻画这些线条的年代可追溯到公元前200年到公元700年，所使用的是非常初级的方法和工具。我们还不清楚古代纳斯卡人如何能够制作出如此精确的大型图画，而且，也没有人了解创作这些地画的目的何在。

最传统的猜想认为，这些线条是在某种祈求水源充沛和土地富饶的宗教仪式中使用的小径，或者是用来标志水源的所在。

而根据保罗·柯索的说法，他认为纳斯卡地画的线条是用来标示太阳的升起和下落，以及其他星辰的运动轨迹。德国天文学家玛利亚·赖歇在纳斯卡度过了自己的一生，她也和保罗·柯索持有同样的观点。她相信地上的印痕曾被用来确定冬至、夏至和春分、秋分，以及日食和月食的时间，从而来选择播种和收割的恰当时机。

但是，关于纳斯卡地画的神秘之处，最核心的问题依然是：为什么那时的人们创作的这些图案只能从上空才能看到？有人联想到了古代传说中的维拉科查——相传这些神秘的访客将文明带到了这一地区，他们有浅色的皮肤，蓄须，头发泛红，拥有超自然的能量。而且，这些神秘的传说人物能够在空中航行。

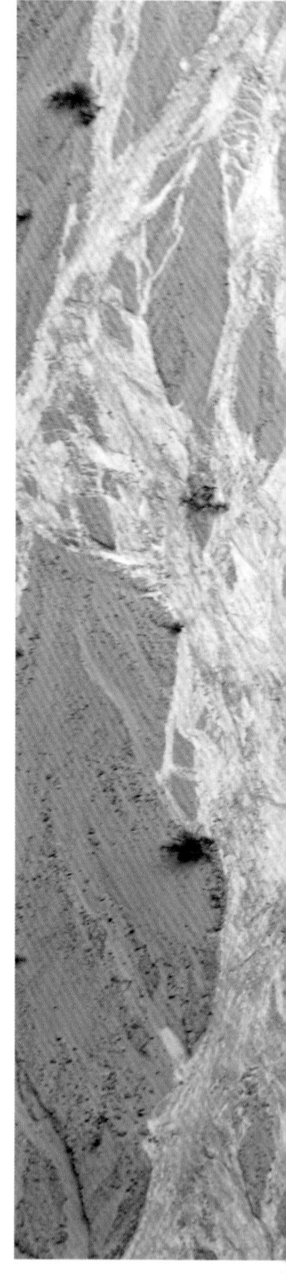

第234～235页图　被称为“宇航员”的这组地画线条是整个纳斯卡平原上最具争议的图案之一。这个人形图案得名于它那大到不成比例的头部，看起来就像是戴着一个宇航员的头盔。而根据考古学家玛利亚·赖歇的说法，这个图案代表的其实是一个巫师或祭司。

第235页图　纳斯卡地画位于秘鲁，分布在泛美高速公路秘鲁段的沿线。这条著名的高速公路贯穿了300公里长的秘鲁沙漠，沿着美洲大陆的太平洋海岸线向远处延伸，从阿拉斯加一直到智利。

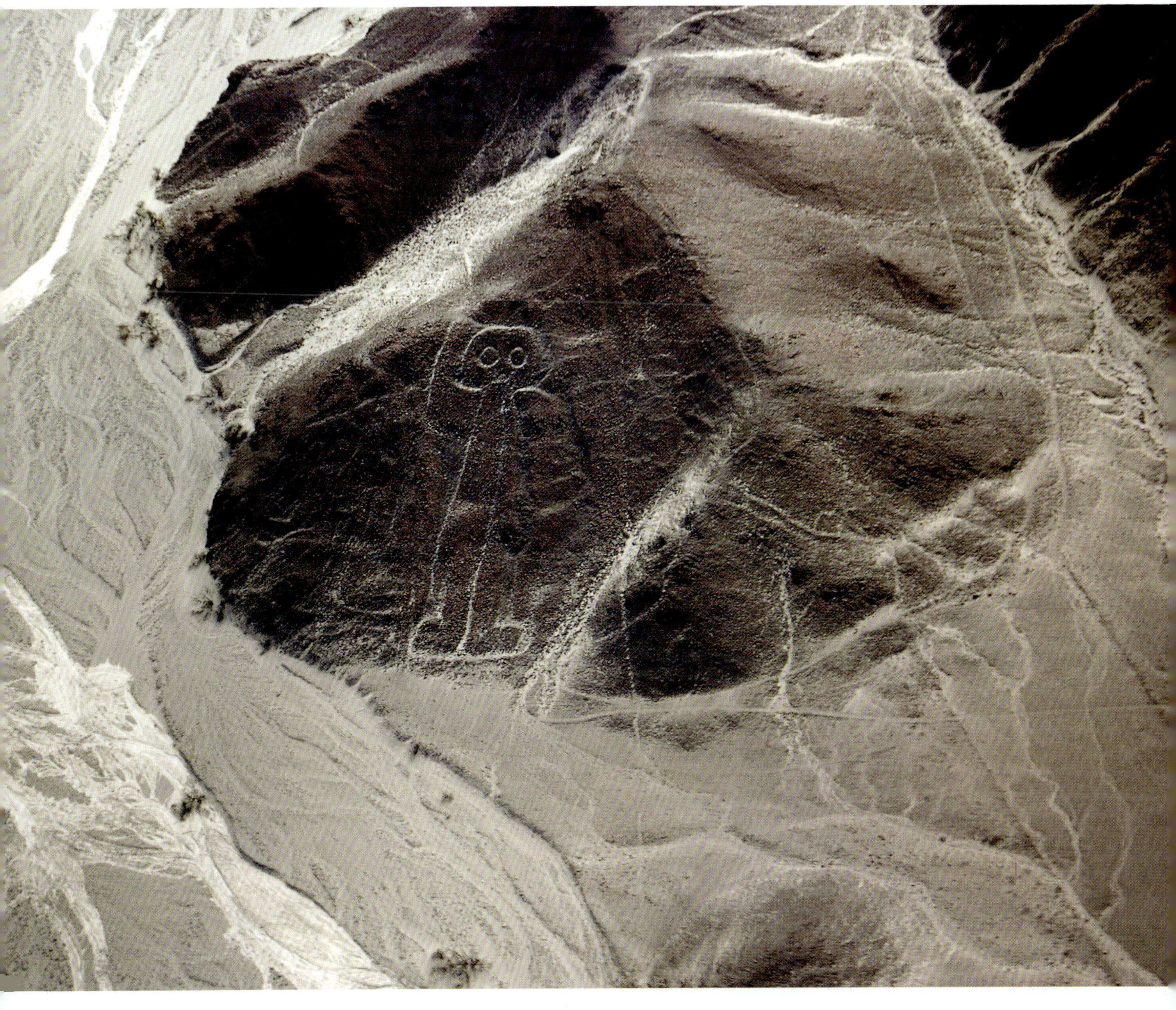

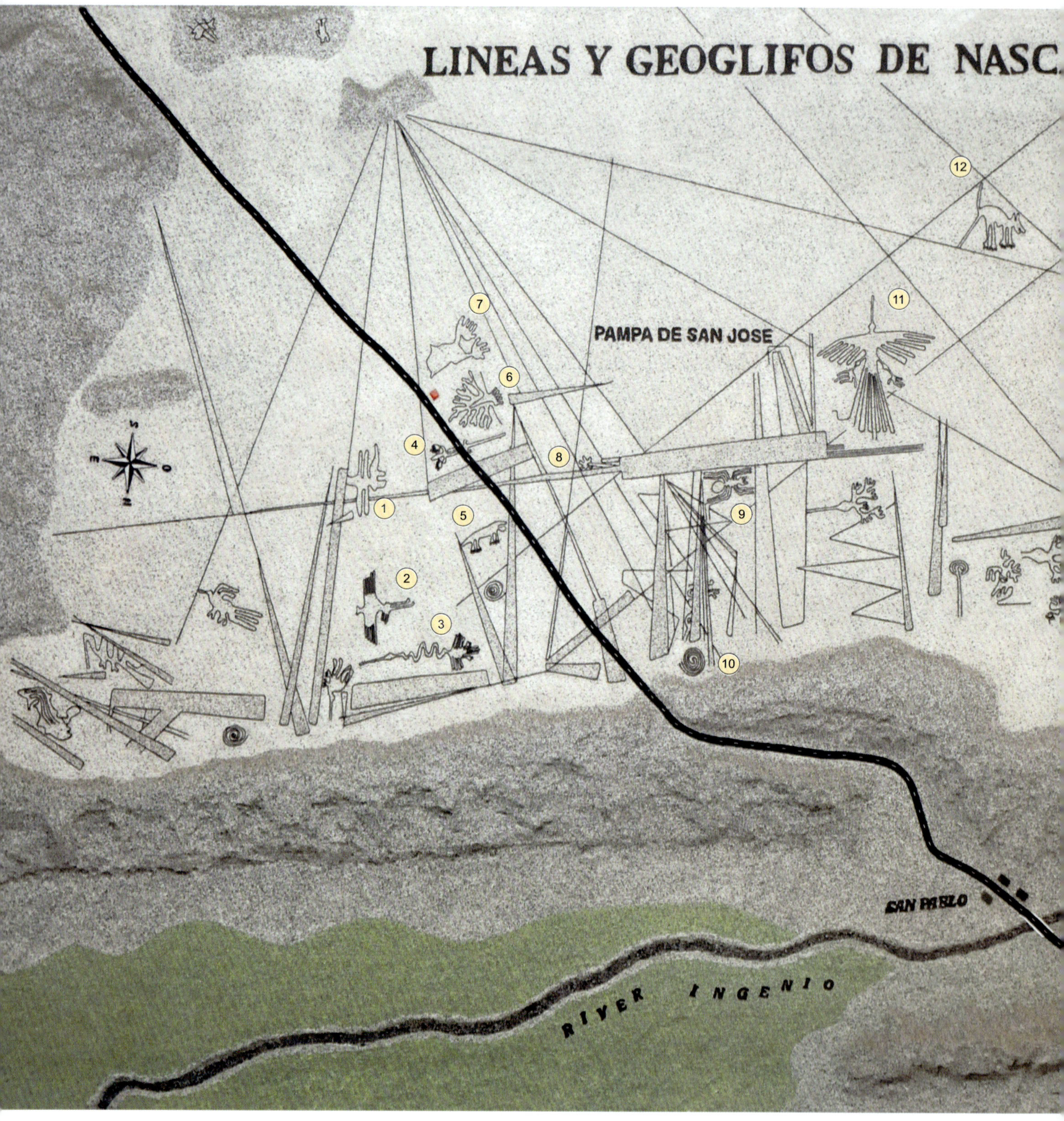

纳斯卡地画分布图

1）鹦鹉	5）美洲鳄	9）蜘蛛	13）鹦鹉
2）海鸟	6）树	10）螺旋	14）海草
3）苍鹭	7）双手	11）秃鹫	15）猴子
4）蜥蜴	8）花	12）狗	16）蜂鸟

抛开这些神话故事不提，那些横跨沙漠的线条图案给飞越上空的人们带来的震撼简直无法用语言形容。最奇特的图案包括一只蜘蛛和各种鸟类（其中有一只秃鹫和一只蜂鸟），以及其他的动物形象；而且，还有一些在头部位置画有奇怪光环形状的人形图案。有些直线的长度超过8公里，其呈现出的精准的笔直程度令人印象深刻。使纳斯卡地画更具有神秘感的是，这些图案所描绘的动物形象，大部分都不是当地的物种。

纳斯卡地画中著名的“蜘蛛”图案表现的就是一种世界上最稀有的蛛形纲动物，它们只生活在亚马孙原始森林中最难以接近的区域。这种蜘蛛有一个特征，就是其生殖器官通常要在显微镜下才能看到。而纳斯卡的“蜘蛛”地画中却精致地描绘出了它的生殖器官，原始的纳斯卡人是如何知道这种蜘蛛的存在以及它那不同寻常的生殖系统特征的呢？

几十年来，来自全世界的研究者们被纳斯卡的未解之谜深深吸引，有人甚至提出了科幻故事般的假设：例如埃里克·冯丹尼肯和彼得·克罗斯莫在他们所著的书中都曾声称，纳斯卡地画是为外星人的飞行器提供的地标和跑道。姑且不论这种说法是否有根据，我们至少可以接受他们的出发点，即我们了解到的古代文明的真相，只是很少的一部分。而剩下的那部分，就如同纳斯卡神秘地画的真相，可能已经被遗忘在历史的沙漏中了。

第236~237页图　纳斯卡地画的平面分布示意图，图例标出了各地画的内容及其方位。这些地画的尺寸非常巨大，最大可达275米，因此只有从空中俯瞰，才能将这200多幅图画和13000多个几何图案尽收眼底。

第238～239页图 “蜂鸟”是纳斯卡地画中最著名的图案之一，或许是因为它具有一种和谐的美感。在这幅地画中，蜂鸟的翼展达66米，其身长则达到了100米。对古代的纳斯卡人而言，蜂鸟是上帝的信使，同时，它还替神话中的圣鸟秃鹫传话。

第239页上图 最早被发现的纳斯卡地画是“蜘蛛”。这个蛛形纲动物的图案沿着一个巨大的梯形的一侧展开。这幅地画中最具争议性的元素是它表现的蜘蛛种类，根据它的形体特征，地画中所描绘的蜘蛛似乎属于一个栖息在距离纳斯卡1500公里之外的亚马孙地区的物种。

第239页下图 秃鹫毫无疑问是安第斯山脉的主人，它那翱翔于高空的雄姿总是令人激动不已。这幅纳斯卡地画中所展现的秃鹫图案长度为130米，宽度超过100米。秃鹫是整个南美洲最神圣的动物之一，在许多当地人的心目中，它的形象可以比拟高山之神。

第240页上图　这幅名为“鹦鹉”的图案引起了很多争议。根据最新的解释，实际上它可能代表的是一只巨大的蚂蚁：有人声称发现其躯干周围原本有6条腿，只是其中2条已经被擦掉了；而在其左侧还有一根触角。支持这个假设的另外一个事实是，在纳斯卡地画所呈现的其他鸟类形象中，没有任何一个图案的羽翼类型和这只曾被假想为“鹦鹉”的相同。

第240页下图　在整片纳斯卡地画区域的最东部，有一个刻画在地面上的“鲸鱼”图案，它叠加在一个巨大的长方形之上。对纳斯卡人而言，鲸鱼这种海中的巨无霸代表着海洋的神灵。这幅图案的尺寸并不算大，“仅仅”长27米，但是神秘的纳斯卡地画的创作者通过这幅画所展现出的象征表现力同样令人震撼。

第240～241页图　这幅“猴子”地画中的螺旋状尾巴已经成为整个纳斯卡地画的代表性标志。在秘鲁，猴子是受人尊敬的动物，因为人们经常可以跟随猴子找到珍贵的饮用水源。纳斯卡地画中的猴子只有9根手指，而不是10根，但这不是创作者犯的错误，对古代秘鲁人来说，肢体畸形也是一种具有神性的标志。

第242～243页图　只有从马丘比丘遗址的上方俯瞰，才能欣赏到这个失落在乌鲁班巴山谷中的未解之谜那令人陶醉的全貌。数个世纪以前，到底是什么人将这座古城筑造在了山巅之上？

第243页图　探险家海勒姆·宾厄姆在1911年发现了马丘比丘的遗址。他相信这里就是比尔卡班巴城——印加王朝的避难之处。宾厄姆出生于夏威夷，曾在法国参加了第一次世界大战，后来他成了一名美国的参议员。很多人相信，是他启发了好莱坞的编剧，创造出了系列电影《夺宝奇兵》中成功的印第安纳·琼斯一角。

秘鲁

马丘比丘

（南纬13°09＇47＂  西经72°32＇44＂）

一块失落在人迹罕至的安第斯山脉之巅的瑰宝，
一个痴迷于星辰变幻的古代文明

1911年7月24日，一位胆量过人的年轻探险家在试图进入秘鲁的一片未开发区域时，发现了一座重要的历史遗迹——失落的马丘比丘古城。这座古城蕴藏着众多的秘密：是什么人把巨大的石块搬运到难以攀爬的山顶之上？在数百年甚至数千年前，是谁将这些石块如此完美地堆砌成了一体？

这位年轻的探险家名为海勒姆·宾厄姆，当他发现马丘比丘遗址时，映入眼帘的是一片壮丽非凡的奇观。马丘比丘在盖丘亚语中的意思是“古老的山”，它位于秘鲁境内一片非常难以接近的地区。也许这就是当年西班牙征服者没能发现它的原因，而定居在附近的传教士也从来没有意识到它的存在。根据官方的考古研究，马丘比丘古城建立于15世纪。但是也有一些学者认为，古城中主要建筑的布局符合某些特定的天文排列，从而，也许可以推断其最早的建筑出现在公元前4000年到公元前2000年。

马丘比丘遗址犹如一块光彩夺目的宝石，特别是乘坐飞机从上空欣赏时，它的美令人着迷。但是，即便在它的鼎盛时期，也只能容纳750人居住。由于这个原因，有人相信它是一个专门用来参拜神灵的地方。一项有趣的研究曾探讨了马丘比丘古城的建筑方位与基点方位（罗盘上东、南、西、北四个方向）之间的关系，其结论认为，可以将马丘比丘古城的建造年代前移至公元前3172年。无论如何，一定是有非常重要的原因，才会选择将这座城市建造在如此偏远的山巅。

在马丘比丘最古老的房屋之中，发现了两个研钵。有人认为它们是用来为衣服染色的，也有人认为这里其实是一个天文观测台：盛满水后的贮水池可以倒映出星辰的运动轨迹。马丘比丘最后的居民是印加人，但是在他们之前可能还有其他民族在此生活过。目前，已有多种假说试图解释到底是何人将巨石安置在了马丘比丘。和世界上其他地方发现的大多数巨石遗迹类似，马丘比丘古城中的一些建筑也可谓名副其实的“石头计算机”，通过它们可以精确地计算出冬至、夏至点和春分、秋分点。例如，“两窗神庙”就是一座典型的“昼夜平分”式建筑：从该建筑物两侧的窗户都能看到太阳。

那座被称作“三窗神庙”的建筑也可以用来精确地追踪太阳和星辰的移动轨迹。同时，一段凿刻在岩石上的阶梯通向山脊的顶部，在那上面有一块形似王座的巨石，旁边还矗立着另外一块较小的独块巨石，它被称作“Intihuatana”，意为“拴日石”。

此外，还有一些建筑是沿着东北—东南轴向整齐排列的，它们也可被用来计算冬至、夏至点和春分、秋分点。

在马丘比丘，人们还发现了一面由数十块硕大的石块构成的巨石城墙。那些拼合在一起的多边形石块彼此间完美地契为一体，没有使用任何黏合剂。其中最大的一块石料长3.5米、宽1.5米，其重量估计可达200吨。

第244页图　马丘比丘古城可分为两大区域：城区和农耕区，后者以耕种用的梯田为特征。这种梯田的外形就像从山体中切割出的巨大台阶，特别值得注意的是，其挡土墙的建造材料有利于积水流出。在建造马丘比丘的那个年代，这些工艺都可谓高度发达的建筑工程杰作。

第245页上图　秃鹫神庙展示了马丘比丘的建造者们非凡的雕刻技艺：设计者利用一块造型奇特的岩石，成功地在石雕上表现出了秃鹫飞翔的姿态。根据历史学家考证，秃鹫雕像的头部曾被用作祭祀的圣坛。

第245页下图　马丘比丘的城区被分为三部分：一个供民众居住，一个供祭司和贵族们居住，还有一个是用于宗教活动的圣地。在第三个区域中，人们发现了供奉有太阳神印帝的遗迹“太阳神庙”，以及用来追踪星辰运行轨迹的“三窗神庙”。

关于马丘比丘的另一个难解之谜是：山上本没有足够的空间来容纳整个建筑群，因此重达25000吨的泥土都是从位于山下400米的山谷中运送上来的。无论靠人力扛还是骡马驮，这项浩大的工程都是在氧气稀薄的海拔2500米以上完成的。到底是什么人花费如此大的力气，如此完美地将石块切割并镶嵌为一体呢？据印加人宣称，他们的造物主来自先进的维拉科查文明，这是一个被所有秘鲁民族崇拜的传说中的人类文明。仍然有待考察的是：马丘比丘是否曾是一个庄严的宗教圣地？

第246～247页图　从2007年7月7日开始（为了向数字7致敬而选择的日期），马丘比丘被正式列入“世界新七大奇迹”。历时7年，从全世界范围调查评选出的这七座重要的历史遗迹中，除了马丘比丘之外，还包括奇琴伊察、古罗马斗兽场、泰姬陵、佩特拉、里约热内卢基督像和中国的长城。

第246页图　马丘比丘遗址中存在一大批令人印象深刻的庙宇和神龛。在太阳神庙中供奉着太阳神印帝，这座神庙的建造方法非常精巧，在每年冬至这一天，太阳光会穿过中间的窗户，投射到一块被弯曲的围墙所保护的巨型典礼石上。

第247页图　在印加人的宗教信仰中，死者要被埋葬到城墙之外。确实，考古学家们已经从一个被称为“上层公墓”的地方发现了几处墓葬。此外，还发现了一块由巨大的花岗岩制成的用于葬礼的石台，石台上凿出了三个台阶，这个石台可能用于日常的葬礼仪式或重大的祭祀典礼。

秘鲁

萨克塞华曼

（南纬13°30＇28＂ 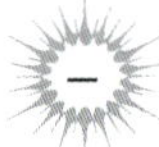 西经71°58＇56＂）

一座按照美洲狮的轮廓建造在安第斯山脉之巅的城市，
传说中印加帝国最神圣的遗址之一

在这个世界上，有些地方可谓充满未解谜题的宝藏之地，那里存在的神秘现象甚至可以追溯到正式历史中未有记载的年代。秘鲁的库斯科是古代印加王国的都城，毫无疑问，它就是这样一个地方。库斯科在古代盖丘亚语中的含义是“世界的中央”。它坐落在海拔3400米的高地，根据官方考古学研究，人类最早在此定居的历史可以回溯到大约3000年以前。整座城市的布局呈现出一只美洲狮的轮廓，这种动物是印加人所崇拜的大地万物的保护神。

加尔西拉索·德拉维加在1609年所著的《印卡王室述评》（最早记述印加王国和西班牙征服者的历史著作之一）中曾这样描述库斯科古城：“建筑物的比例如此匪夷所思，就仿佛它们的建造过程是施加某种魔法控制的，这些建筑似乎更像是魔鬼造就的，而不是人类的作品……用于建造的石头如此巨大，数量如此众多，令人不禁产生疑问，印第安人是如何制造这些石料的，因为他们不懂得通过铸铁或炼钢来制作出工具以便切割、打磨这些石头，并且也没有牛或推车来运送石料。”

在库斯科的古代建筑中使用了绿色闪长岩的石料，这是一种极为坚硬且不易加工的矿石，而它们却无须任何黏合剂就被妥善地安放在了相应的位置上。这些石头以如此精确的方式契合为一体，彼此之间紧密相接，缝隙之间甚至插不进一张卡片。实在令人难以相信，当时显然不具备先进的技术，甚至不懂使用轮子的印加人，竟能够创造出如此惊人的建筑杰作。而且，更难以想象的是，他们如何能够像加工石蜡一样轻松地将石头加工成各种奇怪的形状，同时，又能使之形成一个巧妙且非常合理的系统，使得多边形的石料之间可以互相咬合得天衣无缝。这种建筑方法比同时期欧洲人使用的方法更为精巧，尽管欧洲在文化、科学和技术各个方面都明显要更加先进。

萨克塞华曼无疑是库斯科最重要的建筑之一，它是一座古堡，耸立在库斯科城郊的一个海角上。“萨克塞华曼”一名在艾马拉语中的含义是“山鹰饱餐的地方”。但是，如果你能够从地图上看出库斯科那呈美洲狮形状的城市轮廓的话，那么萨克塞华曼就是这只美洲狮的头，它那弯弯曲曲的城墙仿佛是美洲狮的下颚。该古堡的整个建筑群可以容纳几万人，或许正是这个原因，那些来自欧洲的征服者们把它称作“要塞”，认为它具有军事用途。

如今，很多学者们都认为萨克塞华曼其实是一个宗教性质的建筑群，这里曾是一处圣地，或者是一座巨大的寺庙。在传说中，当印加人在此定居时，萨克塞华曼的城墙已经非常古老了。但是官方的考古研究反驳了这种说法，并认为它是由印加帝国的君主帕查库特克于1438年开始修建的，历经70年方才建成。

在萨克塞华曼的建筑中，有些石块高达8米，重量超过300吨，它们的形状各不相同，彼此之间却能完美地拼砌结合在一起，其建造的牢固程度历经千年也未损坏。库斯科古城中的其他建筑物同样使用了这种不

第249页图　从上空俯瞰库斯科古城，能看到这个世界上独一无二的景象。整座城市的布局似乎是一个巨大的、复杂的图案，形似印加人所崇拜的一种动物——美洲狮。库斯科的中心广场对应的是美洲狮的胸部，而萨克塞华曼古堡就是这只猛兽的头部，它那别致的弯曲城墙则是美洲狮的下颚。

第250～251页图　萨克塞华曼古堡中凡是能够搬走的东西都已被掠夺一空。只剩下巨石在见证库斯科的古代居民们所拥有的令人难以置信的建筑技巧。据估计，从萨克塞华曼被掳走的文物数量，超过如今这里所剩遗迹的两倍以上。这座城堡中究竟遗失了哪些物品呢？

第252～253页　萨克塞华曼遗址的大门，它的用途不仅是引导人们通往这座南美洲最激动人心的古迹。根据熟悉安第斯传统的精神导师的说法，跨越这座大门的门槛，表示将自己与神圣的大地之母巴查妈妈的腹部相接触。

第253页图　在萨克塞华曼城堡的前方有一座奇特的山丘，它的特别之处在于其岩层起伏不平，在石头上形成了平行的波纹。在这座山丘的顶部，矗立着所谓的“印加王座”，从这里能将整个建筑群一览无余；根据传说，当年的印加国王每逢传统节日“Waraqo”，就会坐在这里观看年轻人之间相互比拼力量、灵敏性和智慧。

可思议的精确拼搭石块的建筑技巧，但这种技艺在萨克塞华曼的建造中发展得更为精巧，进而构造出了三层的石墙。但是，萨克塞华曼的神秘之处不仅仅是这些巨石砌成的城墙。在对该遗址的最高处进行清理时，考古学家们还发现了一处看似古代建筑地基的遗迹，它的特别之处在于其形状呈规则的几何多边形。直到今天，也没有人能给出确定的答案，说明这些神秘的遗迹有何意义，或者，在这些地基之下存在什么。同时，根据推测，如今我们所能看到的遗址只是萨克塞华曼原始面貌的30%：在征服者长达数个世纪的洗劫和掳掠后，这座“要塞”里实际上只剩下那些无法被搬走的东西——巨石。整个建筑群的布局按照东、南、西、北四个基本方位完美地排列，与顶部三个圆圈相交叉的围墙所朝向的方位可以精准地测定冬至和夏至点。如果萨克塞华曼真的曾是一座古代的天文观测台，那么，我们必须假设印加人具备足够的能力创造出如此浩大的工程。抑或，这一切都要追溯到某个我们仍然未知的更为古老的过去？

玻利维亚和秘鲁

的的喀喀湖

（南纬15°54′ 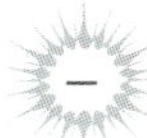 西经69°18′）

地球上最古老的人类文明的地理中心，在它那原封未动的深处，似乎守卫着一个令人难以置信的真相

的的喀喀湖也许是世界上最迷人、最神秘的湖泊，它位于海拔3818米的高处，坐落在跨越秘鲁和玻利维亚两国国境的安第斯山脉的群山之中。它那令人陶醉的蓝色湖面长度超过200公里，宽度达65公里，被荒凉的湖滨所环绕。的的喀喀湖是世界上可航行的湖泊中海拔最高的，然而在遥远的过去，这里曾经是位于海底的低洼地。在这片地区，散落着无数的贝壳化石，显然说明这一整片高原地区都曾是海床，或许是在形成整个南美大陆的地壳提升运动中被推到了高处。这一切可能都发生在大约2亿年前。

随着时间的流逝，这个地区的地质形态还经历了另外一些巨大的变化。特别是这里曾经受到剧烈的震荡，导致湖底急剧倾斜，通常这样的地质运动需要成千上万年才能完成。人们在蒂亚瓦纳科古城的遗址发现了巨大的船坞，说明它曾经是一座临水的城镇；的确，通过最近的考古发现甚至显示，蒂亚瓦纳科曾是的的喀喀湖中的一座岛屿。然而，如今古城遗址所处的位置距离湖边约有20公里远。为了解释这种反常的现象，我们只能假设在这一地区曾经发生过某种毁灭性的灾难。这种灾难造成水平面大幅度下降，并有可能因此将生活在的的喀喀湖地区的所有人类文明毁灭殆尽。这一系列事件仿佛世界末日突然降临，与亚特兰蒂斯消失之谜的描述十分相像。

或许它们之间并非巧合，最早到达这片地区的欧洲人之一——传教士何塞·德·阿科斯塔曾记录下一则非常著名的安第斯山区传说："因为某种罪行，生活在最远古时期的人们被洪水毁灭了。在那之后，造物主以人的形象从湖中出现，带回了太阳、月亮和星星。"印第安人提到在一次大洪水中，几乎所有人类都灭绝了，是天神维拉科查从的的喀喀湖中出现，带回了生命。这个故事似乎再一次涉及了一个人类文明被洪水摧毁后又轮回重生的主题，就如同亚特兰蒂斯传奇的情形一样。然而，在正式的历史研究中，尚未发现在公元前10000年左右存在哪个发达的文明曾发生过这样的灭顶之灾。

除此之外，在的的喀喀湖的水面下也隐藏着未解之谜。考古探险家们曾在其水下发现了神秘的人类居住遗址：在水深30米处，发现了一座庙宇的残垣断壁，其建筑面积超过3000平方米。探险队员们还在水深70米处发现了一条道路，它似乎曾连接着湖岸和太阳岛。另外，在水深100米处，还有防护墙、农地梯田以及很多其他遗迹。研究团队还发现了印加和前印加时期的双耳细颈酒罐和原产于亚马孙流域的花瓶。这些遗迹在水下不同的深度被发现，似乎能进一步支持我们的假设——这一地区的地势可能曾发生过升高和降低，然后倾斜向了一边。而在的的喀喀湖的湖滨，曾生活着一个繁荣发达的人类文明，其存在时期或许就与传说中的亚特兰蒂斯文明相同。

第254～255页图　的的喀喀湖那如镜的水面，是地球上最令人神往的美景。它的面积超过8000平方公里，横跨玻利维亚和秘鲁两个国家。

第254页图　太阳岛是的的喀喀湖中最大的岛屿之一，印加人认为，太阳神就出生在这座岛上。在一座被称为"奇卡纳"的迷宫般的建筑中，发现了180多具人类的残骸，表明这里曾经存在非常古老的文明。

玻利维亚

蒂亚瓦纳科

（南纬16°33＇17＂ 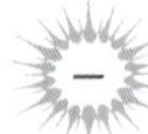 西经68°40＇24＂）

这座海拔近4000米的遗迹不仅是一座城市，更是一部雕刻在岩石上的古老的巨型天文历

在海拔达3846米的荒野高原顶部，在雄伟的安第斯山脉和神奇的的的喀喀湖之间，坐落着一个被神秘所笼罩的地方，它就是蒂亚瓦纳科古城。蒂亚瓦纳科这个名字的含义是“属于众神的城市”，它是世界上最令人着迷的考古遗址之一。

佩德罗·奇耶查·德莱昂在1549年的日记中写道：“我们不知道这些伟大的建筑和防御工事的建造者是谁，也不知道从它们的建造年代至今经过了多长时间，因为今天我们只能看到这些很多个世纪之前就竖立在此的工艺精良的围墙。有些石墙已经年久失修，但有些依然十分壮观，这使人不禁产生疑问，人类如何能徒手将这些巨石搬运到它们如今所在的位置？我敢说这里就是整个秘鲁最为古老的遗址……我向当地的土著询问，这些遗迹是否可以追溯到印加文明时期。但是当地人认为我的问题如此可笑，他们反复告诉我，这些建筑肯定出现在印加文明之前，但是他们无法向我说明到底是什么人、出于什么原因建造了这些建筑。”

我们还不清楚蒂亚瓦纳科古城是否曾是某个伟大帝国的首都，但是，毫无疑问这里曾经是一个伟大的宗教崇拜的中心，那时的人们会在这里举行各种庆典和仪式，但他们庆祝的是什么我们则不得而知。在这座古城发展的全盛时期，城中大约能容纳20000人，城区面积超过2平方公里，是前印加时期南美洲最大的巨石建筑工程。神秘的蒂亚瓦纳科文明的发展可以分为五个历史时期：习惯上认为它始于大约公元前2000年，神秘地在1200年前后终结。这是一个我们知之甚少的人类文明：在蒂亚瓦纳科的遗址中没有发现任何的文字资料。很确定的一点是，的的喀喀湖对蒂亚瓦纳科的发展曾起到了至关重要的作用。早期的蒂亚瓦纳科遗迹就位于的的喀喀湖的岸边，如今残留在这里的建筑被称为“普玛彭古”，意思是“美洲狮出入的门”，就像它的名字所暗示的那样，这里可能曾建有一个出入口，从城里一直通到现已消失的古代港口。现今，的的喀喀湖距离蒂亚瓦纳科古城约有20公里远，其地势整整下降了30米，这些迹象使人们猜测在这一地区可能曾经发生过某种地质灾害和地形变化。

阿卡帕纳金字塔遗迹位于一座16米高的小山丘上，其底部的基座大约有200平方米。它那平坦的顶部是一个呈椭圆形的神秘盆地。有人认为这个盆地是用来贮水的蓄水池，还有人进一步猜想，里面的水是用来观察和研究倒映在水面上的行星的运动轨迹。在阿卡帕纳金字塔的北部是卡拉萨萨亚神庙遗址，这是一个3米高的平台，其底座长130米、宽120米，是用来举行某种未知的宗教仪式和庆典的地方。卡拉萨萨亚神庙的建造方法令人印象深刻，它是由极重的安山岩和红砂岩巨石完美地组合而成的。神庙内部的圣坛被认为是古代蒂亚瓦纳科文明最具代表性的标志——太阳门。

第256～257页图　根据地质学和考古学分析表明，在遥远的过去，“普玛彭古”可能曾是从的的喀喀湖的湖滨进入蒂亚瓦纳科古城的入口，残留在这里的遗迹或许就是一个已消失的古代港口。如今，的的喀喀湖距离蒂亚瓦纳科约有20公里，地势比它低30米，这都使人不禁猜想，在这一地区曾经发生过毁灭性的大灾难。

第257页图　阿卡帕纳金字塔遗迹位于一座高16米的小山丘上，它的基座面积约为200平方米。在其平坦的顶部，有一个椭圆形的类似蓄水池的盆地结构。有些人认为，这个盆地是用来观测天象的：古人可能是通过观察行星在水面上的倒影来研究其运动轨迹的。

第258～259页图和第258页图　卡拉萨萨亚神庙位于阿卡帕纳金字塔的北部，它的遗址是一座高3米的平台，其底座长130米，宽120米，曾被用来举行某种宗教仪式和庆典。这座建筑是由极为沉重的安山岩和红砂岩石块组合而成的，其拼接的完美程度令人惊讶。整座卡拉萨萨亚神庙就像一部由巨石制成的太阳历，因为每当发生重要的天文现象时，太阳光都会刚好照射到它那昼夜平分的宏伟建筑，或是将冬至和夏至点的标石连接起来。

第259页图　在蒂亚瓦纳科古城中，另外一座令人着迷的建筑是一座半地下的四边形神殿，它被发现于1960年。神殿的墙壁上固定着数十个石质的头像，或许它们代表的是战争的战利品。

太阳门是由整块的火山岩打造而成的，它用浅浮雕的手法精致地雕刻出4座神秘的神龛。整座大门的重量约为44吨，它是世界上已发现的最大的精雕细琢的独块巨石。在太阳门上梁的中央，有一幅神秘的仿人形浮雕，似乎在挥舞着两根形似巨蛇的权杖。太阳门上共雕有48个带有翅膀的图形，其中32个有人类的面孔，另外16个长着秃鹫的脑袋。每年春分这一天，初升的太阳会刚好出现在太阳门的中央，这就是太阳门得名的原因。很多人相信，这48个图形和4个神龛构成了一部雕刻在石头上的天文历，但至今还没有人能破译它。而整座卡拉萨萨亚神庙就像是一部巨石构成的太阳历，因为每当发生重要的天文现象时，太阳光会恰好照射到它那昼夜平分的宏伟建筑，或是连接起冬至和夏至点的标石。

神秘的蒂亚瓦纳科古城的真正起源依然是一个谜。根据当地的传说，它是由生活在原始时期的古代巨人建成的。其中一种最不可思议的理论是由阿瑟·波斯南斯基提出的，他是玻利维亚国家博物馆的馆长，也是玻利维亚考古学会的创办人。波斯南斯基一生都致力于蒂亚瓦纳科的研究，他认为这座古城早在公元前15000年的冰河时代就已建成，之后被一场大灾难所摧毁。各种令人难以置信的假说甚至吸引来了纳粹探险家，他们在20世纪40年代来到玻利维亚，试图寻找那传说中的亚特兰蒂斯文明曾存在于此的证据。如果真能有所发现，也许将会证明蒂亚瓦纳科是我们这个星球上最古老的城市。

第260页上图和第260～261页图　在每年春分这一天，太阳会刚好从太阳门的正中央升起。太阳门遗址令人印象非常深刻，它由整块的巨石雕刻而成，重40余吨，是迄今为止这里体积最大的考古发现。太阳门与天文现象的联系不仅局限于春分这一天，所有用来装饰太阳门的神龛和图案看起来就像一部古代的日历，但是这些尚未得到完全破译。

第260页下图　“庞塞巨石”，也称“庞塞石像”，它位于卡拉萨萨亚神庙的外围。该遗迹由整块的安山岩雕刻成形，高达3米，塑造了一个巨人的身形。这座石像的得名源自玻利维亚考古学家卡洛斯·庞塞，他在1957年发现了这块巨石。它的造型表现的可能是蒂亚瓦纳科人所崇拜的某位重要人物。

复活节岛

（南纬27°7′14″ 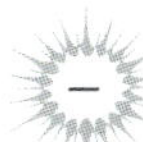 西经109°21′5″）

在大海中央，摩艾石像带着高深莫测的永恒面容似乎在守护着什么，一个多么奇妙的故事

复活节岛相较拉帕努伊岛一名更广为人知，它或许是世界上最为神秘的岛屿。同时，它也是我们这个星球上最偏远的人类居住地之一：复活节岛的四周是方圆4000公里的海洋，将它与其他一切陆地都隔绝了开来。如果我们看一看地球仪，这个岛屿看起来就像太平洋中的一个小点，就像是地图上那被象征海洋的蓝色所填满的地方不小心出现的一个小差错。然而，这块在地球仪和地图上都小到难以辨认的陆地上，却站立着我们这个星球上最神秘的雕像——摩艾石像。它们巨大的石质头颅是用取自火山口的玄武质凝灰岩雕刻而成的。在摩艾石像那永恒的凝视中，仿佛在向我们提出至今仍然悬而未决的问题。

摩艾石像的面孔描绘的到底是谁？如若真是古代的拉帕努伊岛居民通过某种方法，有能力加工制作出这些巨大的雕像，并将它们从岛屿的一边运输到了另外一边，但是，这些古代居民又是怎么到达这座像被施了魔法般遥不可及的小岛的呢？他们使用了何种船只来穿越这方圆数千公里的太平洋呢？

复活节岛的地表面积约为160平方公里，如今，岛上约有2000名居民。该岛是从火山地块上形成的一部分，岛上那两座已经熄灭的巨大的火山口仍清晰可见。这座岛屿是被一位名为雅各布·罗格温的荷兰海军上将在1722年发现的，那一天正好是基督教的复活节，该岛便由此得名。根据这位海军上将的航海日志记载，当时拉帕努伊岛的国王曾告诉罗格温：他是一个已经消失的种族留在世上最后的后裔之一，只有那些在过去成功抵达了这座岛屿的人们存活了下来，而这个古老的种族中其他的人都已从世上消亡了。也许这位君主提到的那个已消失在海洋中的大型岛屿上的文明，就是这些古老的摩艾石像仍在久久凝视的地方吧。

如今，复活节岛上仍有近600座雄伟的雕像，然而，最初的雕像数量有近其两倍之多。尽管这些雕像的个头大小各不相同（从仅有1米多高到将近22米高），显然，它们都拥有如复制般的相同的面容。石像们都装有眼睛，但几乎所有的眼睛都已不见了，它们还都“戴”着特殊的红色“石帽”。岛上最大的一座摩艾石像叫作“巨人”，它有21.5米长，如今它依然躺在拉诺·拉拉库火山口的采石场中，与那面将它雕刻出来的石壁相对。在那些仍竖立着的摩艾石像之中，最高的一座叫作“帕罗”，它高10米，宏伟地站立在Ahu Te Pito Kura（Ahu，阿胡意为“祭祀平台”，指竖立着摩艾石像的石台）所在的海岸之上。根据计算，至少需要500个人合力，才能将这座石像垂直竖立起来。

根据考古学家的研究，复活节岛上最初有人类定居的时间可追溯到公元300年，这些古代先民们使用古老的独木舟成功穿越了难以置信的广阔大洋来到这座岛屿。科学家们仍在争论这些登岛的先民是

第262～263页图　Ahu Tongariki是拉帕努伊岛上最大的阿胡，它坐落在该岛的南部海岸，位于波伊克火山的阴影之中。这座阿胡是15座像岛上的守护者一样的摩艾石像们的“家”：这排摩艾石像的目光一直固定地望向大海，但神奇的是，在每年夏至这一天，它们的目光会正对落日。这15座摩艾石像是在1960年被海啸掀倒后重新竖立在阿胡上的。

第262页图　拉诺·拉拉库火山口是摩艾石像的“生产工厂”，很多巨大的石像都是从这座火山口里面挖掘出来的。许多石像被遗弃在了火山口的山坡上，它们周围已杂草丛生；而其他的石像仍然被囚禁在火山口的内壁之中，就好像当时的工作是突然停止的一样。

第264页图和第265页图　复活节岛石像那巨大的脸孔被雕刻在开采自拉诺·拉拉库火山口的火山凝灰岩上。但根据最新的地理学研究显示，该火山最近一次喷发应发生在至少2000年以前。根据这一点，连同其他相关的科学证据，可将摩艾石像的雕刻时间限制在一个精确的时期内，即开始于公元1000年，并在其后约5个世纪左右终止。这就是说，岛上原本超过1000座的巨石雕像都创造于500年以内，这对于一个仅有几百名居民的小岛所具备的人力、物力来说，可谓极高的产量。这也是拉帕努伊岛上许许多多的谜题之一。

玻利尼西亚人还是南美洲人，他们是来自东方还是来自西方。也许两种假设都能成立，因为当地流传着这样的传说：古时候的拉帕努伊岛曾发生过两个民族之间的血腥争斗，一方是起源于东方的“长耳人”，另一方是起源于西方的“短耳人”。这场争斗最终以“短耳人”的胜利告终，而“长耳人”被屠杀，他们的尸体被扔进万人坑。前文曾提到，罗格温遇到的那些拉帕努伊岛的居民相信他们自己是最后的幸存者。但他们到底是哪种幸存者？是渡海而来的先民们的幸存者，还是传说中这场争斗的幸存者？

还有一个问题也是对拉帕努伊岛所进行的各项科学研究的核心所在：古代的岛上居民是如何将这些体积庞大的摩艾石像从制造它们的采石场运输到岛屿的海岸来的？这些岛民既没有任何工程学的知识、没有任何役畜，甚至可能也没有必要的工具，他们是怎样将成吨重的巨石成功设法抬走的呢？最近，根据对该岛的化石花粉所进行的一项研究显示，在摩艾石像的建造时期，那些用来修建机械运输系统所必需的树木也并不存在。据说岛上的树木在公元800年左右已经用尽，这要早于摩艾石像被认定的制造时间。

更为神秘的，是远古时期拉帕努伊岛的居民们所遗留下来的笔迹。实际上，在这座岛上曾发现了被称为“Rongo-Rongo”的古代石碑遗迹，但不幸的是，它们大部分已被早前来到岛上的传教士下令点火烧毁了。令人惊奇的是，岛上的居民中竟没人能够辨识这些笔迹，那些书写在石碑上的复杂的符号语言早已失传。而且，在摩亨约达罗这座古老的印度河流域文明的遗迹中，也发现了与之近乎相同的符号；这又要如何解释？摩亨约达罗位于巴基斯坦，它对拉帕努伊岛来说，几乎是远在地球的另一端。

“Rongo-Rongo”的碑文至今仍未被破解，虽然科学家史蒂文·费希尔在1996年曾宣称他已成功破译了其中22块石碑，这位学者称，这些石碑上雕刻的内容是创世神话。关于复活节岛，唯一能够确定的是，它是如此与世隔绝且不可思议地坐落在这广阔的海洋中央，它所蕴含的谜题我们至今仍无法解开。

第266页图　阿纳克纳（Anakena）位于岛屿的北部海岸，这里是拉帕努伊岛上唯一一片真正的海滩。而且，也许这里还矗立着岛上最壮观的阿胡；这座阿胡能被保存得如此完好，应该归功于沙子，看起来正是这片海滩的沙子保护了这7座雕像。其中的4座石像还戴着它们神秘的“普高”（Pukao，意为“头饰”），这种独特的头饰是由红色的火山岩制成的。

第267页图　在Ahu Ko Te Riku上，站立着拉帕努伊岛上唯一一座保存完整的摩艾石像，它仍戴着它的红色头饰，这顶“帽子”是用普纳帕乌火山口采石场中的熔岩石块雕塑而成的，而它的一对眼睛，是用罕见的白色珊瑚搭配黑曜石的瞳孔塑造成的。按照传统的说法，当眼睛被嵌入的时候，摩艾石像便拥有了生命，人们能够通过它与来世对话。

作者简介

罗伯托·贾科布，1961年出生于意大利罗马，拥有经济学和商学双学位。他是一位新闻记者和通信专家，也是费拉拉大学文学院和哲学院的讲师，主讲《新媒体理论与技术》课程。1984年，他的无线电广播职业生涯开始了。20世纪90年代初，他作为节目作家首次在电视节目中亮相。从1997年起，他创作了多档电视节目，包括《奥秘》、《数字0》、《情感生活》（与BBC电视台联合制作）、《时间机器》、《那么，让我们开始》；此外，还导演了在RAI国际电视台播送的《意大利自动取款机》节目；他还主持过一档名为《星际之门》的节目；而《边界线》是他从1999年起为意大利电视台LA7频道创作的节目，这是意大利史上第一个使用“电视杂志”的风格来介绍考古学与历史学领域中遗留的未解之谜的节目，并连续两年赢得里雅斯特城市评选的探索和文化类的国际电视大奖。2003年5月20日，他初次在《航海家——知识的疆界》这档节目中以作者和主持人的双重身份登台；两年以后，该节目被《你们，航海家！》节目收入旗下；该档节目在通信和电视制作领域多次荣获国家级的奖项。贾科布还出版过多本著作，包括《列奥纳多的秘密》（《玛利亚的足迹》）（2005年）、《合理的怀疑》、《超越生命的生命之谜，在科学家之前的反应》（2007年），以及《2012年，世界的结束？》（2009年）。此外，他还主编了《航海家地图集》系列作品。

朱利奥·迪·马蒂诺，20世纪70年代出生于意大利罗马，在罗马Sapienza大学获得了理论物理学学位。他曾在美国纽约大学研究学习过一段时间，之后，他回到了意大利，为一些主要的流行杂志写作科学类的作品。年仅25岁时，他便开始以一位新媒体顾问的身份向RAI电视台阐述相关领域的理念。从2003年起，他开始为《航海家——知识的疆界》这档节目写作，并环游了整个地球，来制作那些在历史学、科学和考古学领域中最令人着迷的未解之谜的纪录片。其中，名为《复活节岛》的纪录片还曾被Giunti Editore公司出版成书。此外，马蒂诺还为电影和电视剧创作剧本。

索 引

c = caption
bold type = dedicated chapter

图片来源

Pages 2-3 The Science Photo Library/Tips Images
Pages 4-5 Michael Hanson/National Geographic Stock
Page 9 per gentile concessione di Iwan Palombi
Pages 10-11 Foto Scala, Firenze
Pages 14-15 Araldo De Luca/Archivio White Star
Pages 16-17 Giulio Veggi/Archivio White Star
Page 18 right Keystone/Getty Images
Pages 18-19 Mauritius/CuboImages
Pages 20-21 David Doubilet/National Geographic Stock
Page 21 Winfield Parks/National Geographic Stock
Pages 22-23 Dean Conger/National Geographic Stock
Pages 24, 24-25, 26-27, 27 top, 27 bottom Massimo Borchi/Archivio White Star
Page 28 left Imagestate/Tips Images
Pages 28-29 Ken Geiger/National Geographic Stock
Page 30 top Dea Picture Library/De Agostini/Getty Images
Page 30 center Archivio White Star
Pages 30-31 Dae Sasitorn and Adrian Warren/www.lastrefuge.co.uk
Pages 32-33 Jeremy Walker/Getty Images
Page 34 Skyscan/Corbis
Pages 34-35 Antony Spencer/Getty Images

Pages 36 top, 36 bottom Eddie Linssen/Alamy/Milestone Media
Pages 36-37 Wojtek Buss/Agefotostock
Page 39 Adam Woolfitt/Corbis
Pages 40-41 Last Refuge/Getty Images
Page 42 Peter Endig/epa/Corbis
Pages 42-43 Georg Knoll/laif/Contrasto
Page 43 right Archivio White Star
Pages 44-45 Gerard Sioen/RAPHO/Gamma
Pages 46-47 Max Homand/Getty Images
Page 47 Joe Cornish/Getty Images
Page 48-49 RobertHarding/CuboImages
Page 49 R. Linke/Agefotostock
Page 50 GoPlaces/Alamy/Milestone Media
Pages 50-51 Sylvain Sonnet/Corbis
Pages 52, 53 Photononstop/Tips Images
Pages 54-55 Sylvain Sonnet/Corbis
Page 56 G. Dagli Orti/De Agostini Picture Library
Pages 56-57 Marcello Bertinetti/Archivio White Star
Page 58 G. Dagli Orti/De Agostini Picture Library
Pages 58-59 Antonio Attini/Archivio White Star
Page 60-61 Antonio Attini/Archivio White Star
Page 61 Alfio Garozzo/Archivio White Star
Pages 62-63 Marco Cristofori/Corbis
Page 64 per gentile concessione di Bran Castle
Page 65 German School/Getty Images
Pages 66 top, 66 bottom, 67 per gentile concessione di Bran Castle
Page 68 top S. Vannini/De Agostini Picture Library
Page 68 bottom Bruce Yuanyue Bi/DanitaDelimont.com
Pages 68-69 José Fuste Raga/Agefotostock
Pages 70-71 per gentile concessione di Sam Semir Osmanagich
Pages 72-73 Giulio Veggi/Archivio White Star
Page 73 The Gallery Collection/Corbis
Pages 74-75 Giulio Veggi/Archivio White Star
Page 75 Araldo De Luca
Pages 76-77, 77 top, 77 bottom Giulio Veggi/Archivio White Star
Pages 78-79 Alfio Garozzo/Archivio White Star
Page 79 right De Agostini Picture Library
Pages 80-81 Alfio Garozzo/Archivio White Star
Page 82 Gianni Dagli Orti/Corbis
Pages 82-83 Livio Bourbon/Archivio White Star
Pages 84 top, 84 bottom, 85 Giulio Veggi/Archivio White Star
Pages 86-87 Alfio Garozzo/Archivio White Star
Page 87 top Giulio Veggi/Archivio White Star
Page 87 bottom Livio Bourbon/Archivio White Star
Pages 88-89 Marcello Bertinetti/Archivio White Star
Pages 89, 90 left, 90 right, 91, 92 Araldo De Luca/Archivio White Star
Pages 92-93 Marcello Bertinetti/Archivio White Star
Page 94 Marcello Bertinetti/Archivio White Star
pagg 94-95 Giulio Veggi/Archivio White Star
Pages 96-97 Marcello Bertinetti/Archivio White Star
Page 98 left Dorling Kindersley/Getty Images
Page 98 center Wojtek Buss/Tips Images
Page 99 Jon Arnold Images/DanitaDelimont.com
Page 100 Egmont Strigl/Agefotostock
Pages 100-101 Yoshio Tomii/Agefotostock
Page 101 Egmont Strigl/Agefotostock
Page 102 left Martin Zwick/Agefotostock
Page 102 right David DuChemin/Agefotostock
Pages 102-103 Martin Zwick/Agefotostock
Page 104 Stefan Auth/Agefotostock
Pages 104-105 A. Tessore/De Agostini Picture Library
Page 105 left Archivio White Star
Pages 106-107 JD Dallet/Agefotostock
Page 107 JTB Photo/Super Stock
Pages 108-109 Andrew McConnell/Corbis
Pages 110-111 Michael Poliza/National Geographic Stock
Page 111 top C. Sappa/De Agostini Picture Library
Page 111 bottom W. Buss/De Agostini Picture Library
Page 113 Nigel Pavitt/Getty Images
Pages 114-115 Christine Osborne/Corbis
Page 115 Andrew McConnell/Corbis
Pages 116-117 Robert Harding Images/Masterfile/Sie
Page 117 right G. Sioen/De Agostini Picture Library
Page 118 top Desmond Kwande/AFP/Getty Images
Page 118 bottom G. Sioen/De Agostini Picture Library
Pages 118-119 Robert Holmes/Corbis
Pages 120-121 Robert Holmes/Corbis
Page 121 Colin Hoskins/Alamy/Milestone Media
Page 122 The British Library/Agefotostock
Pages 122-123 W. Buss/De Agostini Picture Library
Pages 124-125, 125 right Vincent J. Musi/National Geographic Stock
Page 126 Vincent J. Musi/National Geographic Society/Corbis
Pages 127, 128, 129 Vincent J. Musi/National Geographic Stock
Pages 130-131 Itamar Grinberg/Archivio White Star
Page 132 top Israel images/Alamy/Milestone Media
Page 132 bottom Antonio Attini/Archivio White Star
Page 133 Walter Bibikow/Agefotostock/Marka
Pages 134-135 Itamar Grinberg/Archivio White Star
Pages 136-137 Historic Map Works LLC and Osher/Getty Images
Page 138 left www.BibleLandPictures.com/Alamy/Milestone Media
Pages 138-139 Itamar Grinberg/Archivio White Star
Page 140 www.BibleLandPictures.com/Alamy/Milestone Media
Pages 140-141 Zev Radovan
Pages 142, 143 left, 144-145, 146-147, 147, 148, 148-149 Marcello Libra/Archivio White Star
Pages 150-151 James L. Stanfield/National Geographic Stock
Page 151 right JTB/Photoshot
Page 152 Robert Harding/Robert Harding World Imagery/Corbis
Page 153 Robert Harding Picture Library Ltd/Alamy/Milestone Media
Pages 154, 154-155 UPPA/Photoshot
Page 156 left Tibor Bognar/Agefotostock
Page 157 Robert Harding Produc/Agefotostock
Page 158 left Dennis Stone/Agefotostock/Marka
Pages 158-159 Xu Summergate/Panorama Stock
Pages 160-161 Fotosearch/Getty Images
Page 161 Wei Xinan/Panorama Stock
Page 162 left JTB Photo/Super Stock
Page 163 Araldo De Luca/Archivio White Star
Page 164 Universal History Arc/Agefotostock
Page 164-165 Araldo De Luca/Archivio White Star
Pages 166-167, 168, 169 Attila Bicskos/Auscape
Pages 170-171 Livio Bourbon/Archivio White Star
Pages 171 left, 172 top, 172 bottom, 172-173 Antonio Attini/Archivio White Star
Page 174 top Livio Bourbon/Archivio White Star
Page 174 bottom Ivan Synieokov/Alamy/Milestone Media
Page 175 Marcello Bertinetti/Archivio White Star
Pages 176-177 Per-Andre Hoffmann/Getty Images
Page 177 right Christopher Groenhout/Lonely Planet Images
Pages 178, 178-179 Peter Carroll/Barcroft USA/Getty Images
Page 180 top Dave G. Houser/Corbis
Page 180 bottom John Van Hasselt/Sygma/Corbis
Pages 180-181 Robert Harding Images/Masterfile/Sie
Pages 182-183 Gerrit de Heus/Alamy/Milestone Media
Pages 184-185 Eva Haeberle/laif/Contrasto
Page 185 courtesy of © NVAHOF Oral History Project Collection
Page 187 Ocean/Corbis
Pages 188-189 Jean-Philippe Delobelle/Bipsphoto/Tips Images
Page 191 Massimo Borchi/Archivio White Star
Page 192 Robert Harding Images/Masterfile/Sie
Pages 192-193, 193 Massimo Borchi/Archivio White Star
Page 195 right Archivio White Star
Pages 194-195 Jim Wark
Page 196 Massimo Borchi/Archivio White Star
Pages 196-197 Antonio Attini/Archivio White Star
Page 198 Antonio Attini/Archivio White Star
Pages 198-199, 199 top, 199 bottom Massimo Borchi/Archivio White Star
Page 200 Imagestate/Tips Images
Pages 200-201 Luis Castaneda/Tips Images
Page 202 left Massimo Borchi/Archivio White Star
Pages 202-203 LucaPicciau/Cuboimages
Page 204 Yann Hubert/Biosphoto/Tips Images
Page 205 Paul Nicklen/National Geographic Stock
Page 206 ML Sinibaldi/Corbis
Pages 206-207 Gavin Newman/Alamy/Milestone Media
Pages 208-209 Antonio Attini/Archivio White Star
Pages 209, 210 top, 210 bottom, 210-211 Massimo Borchi/Archivio White Star
Pages 212-213 David R Frazier/Agefotostock
Page 213 right Antonio Attini/Archivio White Star
Page 214 Diego Munoz/Agefotostock
Pages 214-215, 216-217, 217, 218 Antonio Attini/Archivio White Star
Pages 218-219 Charles & Josette Lenars/Corbis
Page 220 Antonio Attini/Archivio White Star
Pages 220-221 Kenneth Garrett/DanitaDelimont.com
Pages 221, 222 left, 222 right, 223 Antonio Attini/Archivio White Star
Pages 224-225, 226 left, 226 right, 226-227 Massimo Borchi/Archivio White Star
Page 228 Antonio Attini/Archivio White Star
Page 229 left Massimo Borchi/Archivio White Star
Page 229 right Archivio White Star
Page 230 right Peter Langer/DanitaDelimont.com
Page 231 Carver Mostardi/Alamy/Milestone Media
Pages 232-233 Luiz Claudio Marigo/naturepl.com
Page 233 right UPPA/Photoshot
Pages 234-235 Gilles Barbier/Agefotostock/Marka
Page 235 right Yann Arthus Bertrand/Corbis
Pages 236-237 Alexander Pöschel/Agefotostock/Marka
Pages 238-239 Top Photo/Tips Images
Page 239 top Yann Arthus Bertrand/Corbis
Page 239 bottom Top Photo/Tips Images
Pages 240 top, 240 bottom JTB Photo/Super Stock
Pages 240-241 Top Photo/Tips Images
Pages 242-243 Antonio Attini/Archivio White Star
Page 243 Hiram Bingham/National Geographic Stock
Pages 244, 245 top, 245 bottom, 246, 246-247, 247 Antonio Attini/Archivio White Star
Page 249 Cordier Sylvain/Getty Images
Pages 250-251, 252-253, 253, 254 left, 254-255, 256-257 Antonio Attini/Archivio White Star
Page 257 left Kevin Lang/Alamy/Milestone Media
Pages 258, 258-259, 259, 260 top, 260 bottom, 261 Antonio Attini/Archivio White Star
Page 262 left Doug Allan/Naturepl.com
Pages 262-263 Peter Langer/DanitaDelimont.com
Page 264 Gavin Hellier/Corbis
Page 265 Gavin Hellier/Getty Images
Page 266 De Agostini Picture Library
Page 267 BILDGENTUR-ONLINE/Agefotostock

封面图片：复活节岛，在Ahu Ko Te Riku上站立着岛上唯一一座保存完整的摩艾石像。根据传统的说法，人们能够通过摩艾石像与来世对话。

© BILDGENTUR-ONLINE / Agefotostock

封底图片：玛雅历法，它充分展示了古代美洲人对天文学的精通，同时，它还与神秘的世界末日的预言联系在一起。

© Luis Castaneda / Tips Images

责任编辑：朱轶佳　neverland1220@hotmail.com
　　　　　吴博雅
责任印制：冯冬青

图书在版编目（CIP）数据

全球顶级神秘之地 /（意）贾科布，（意）马蒂诺著；吴非译. -- 北京：中国旅游出版社，2014.1
（梦想旅行家）
书名原文: Journey into mystery
ISBN 978-7-5032-4845-0

Ⅰ. ①全… Ⅱ. ①贾… ②马… ③吴… Ⅲ. ①旅游指南－世界 Ⅳ. ①K919

中国版本图书馆CIP数据核字（2013）第270622号

北京市版权局著作权合同登记号　图字：01-2013-0525
本书插图系原文原图，且均为示意图

书　　名：全球顶级神秘之地

作　　者：罗伯托·贾科布（Roberto Giacobbo）
　　　　　朱利奥·迪·马蒂诺（Giulio Di Martino）
翻　　译：吴　非
出版发行：中国旅游出版社
　　　　　（北京建国门内大街甲9号　邮编：100005）
　　　　　http://www.cttp.net.cn　E-mail：cttp@cnta. gov. cn
　　　　　营销中心电话：010-85166503
排　　版：北京中文天地文化艺术有限公司
经　　销：全国各地新华书店
印　　刷：北京华联印刷有限公司
版　　次：2014年1月第1版　2014年1月第1次印刷
开　　本：889毫米 × 1194毫米　1 / 16
印　　张：17
字　　数：220千
定　　价：158.00元
I S B N　978-7-5032-4845-0